小言論（第三集）

欺壓自己人毫不手軟，比外敵更加可恨的「家賊」

- 軍閥批判人民白拿薪水，而不究自身罔顧國難藉故交兵之責
- 政府橫征暴斂當道「逼款」，農民處境水深火熱如人間煉獄
- 知識分子於海外學成歸來，徒留下一紙文憑而拋卻習得技術

鄒韜奮——著

國家面臨存亡之際，思想不純的官兵卻趁火打劫，
保守退讓換來得寸進尺，唯有人民覺醒才能帶來希望——

目錄

翁文灝堅辭教長

新任命的教育部長翁文灝氏堅辭不就，據他打給友人的電報，說個人昧於教育行政，盲人瞎馬，絕難勝任，已電政府，請另簡賢能。截至記者草此文時，翁氏尚無願就的表示，就他這幾句話看來，昧於教育行政而做教長，便等於盲人騎瞎馬。其實照現在流行的風氣，「昧」於什麼，正可大做什麼，「盲人」專喜騎著「瞎馬」亂闖，並沒有人覺得有什麼慚愧，也沒人覺得有什麼不該，翁先生獨斤斤以「昧」字為言，在有些人看來，也許要怪他思想落伍，不足稱為識時務的俊傑了！

在北洋軍閥時代，我們常見當時「北京政府」的閣員大人們幾於都是萬能的人才，今天長外交部，明天可以忽而調任財政部，過幾時又可調任內政部，往往以一人而輪長各部，他實際是無所不「昧」，而卻滿不在乎「昧」與不「昧」！其祕訣在乎能做官，能做官則「昧」而不「昧」；不能做官則不「昧」而「昧」。現在北洋軍閥當然已成為博物院裡的古董，但萬能的現象，似乎流風餘韻，猶有存焉，而翁先生獨

「自視欿然」，可謂「過人遠矣」。

我們知道翁先生是一位學識湛深的地質學專家，他所主持的地質調查所的成績斐然，久為國人所推崇。以這樣一位高尚純潔的學者，決非專以做官逢迎為能事的政客所能望其項背，叫他做教長，我們未嘗不可開個歡迎會，但是想到我國的真正的專家既若鳳毛麟角，彌足珍貴，便把他拉去做官，他的官未必做得好，而專門學術上卻遭了一個大損失，這般一想，記者雖絕對沒有和他搶做教長的資格，卻很不歡迎他離開地質調查所而踏入教育部裡面去。

我國不但闊官僚無一不自視為萬能，而社會上的所謂名人，也往往有人把他看作萬能。其實萬能必一無所能；或原來不無一二專能，亦因強作萬能而並失其原有之一二專能，這不僅是個人的損失，實亦社會的損失，自愛愛人者對於此點似都應加以相當的注意。

民心背離中的胡佛

美國每屆選舉總統，總有一勝一敗，「勝敗兵家常事」，原不足奇，不過歷屆失敗的總統候選人，其景象之狼狽，此次胡佛可謂開了一個新紀元，可謂觸足了霉頭！

他尤其狼狽的一次要算十月二十二日赴第特羅作運動選舉演說的一次，他的專車剛到車站時，就有二千餘人對他作示威運動，大呼「打倒胡佛！他使一千五百萬人失業」，致胡佛被困車內二十五分鐘，由大隊軍警出來彈壓，始得離站赴奧林匹克運動場會所。自車站至運動場開會的地方，路長四里，兩旁滿立民眾，總統車過時，或悄然無語，或發怨罵之聲，無一作譽詞者，胡佛總統在車中欲強作笑容，但終不能掩其情感，總統夫人坐在他的旁邊，則雙眉深鎖，默然不語，其窘態可以想見。

據路透社紐約電訊所傳，有人以為胡佛總統之不復獲選，原因有二：一為數百萬美人之感受時艱者之盲目憤恨；一為共和黨宣傳布置不若民主黨之完善。其實在野的民主黨還用得著宣傳，在朝的共和黨在事實上已有的表現就是它的最有效的宣傳，在事實上既弄得焦頭爛額，引起國民一般的「憤恨」，雖欲有所宣傳而實難自圓其說，即「布置」得再「完善」，亦難引起人民的信仰，雖在文字上嘴巴上吹上了天，還是白吹！不過我們卻未曾聽見胡佛刮過地皮，未曾聽見他引用滿山滿谷的狐親狗戚，平心而論，他在數年中還是苦心孤詣的很勤苦地幹，美國經濟的不振是資本主義末日的自然趨勢，是制度上的根本問題，就是羅斯福來，也是無可如何的，就此義而稱美國人民「憤恨」為「盲目」，尚有幾分意義。但此事至少可以令人愈益深刻感到經濟和政治的密切關係，如對大多數人民的經濟問題無法作實際上的解決，不管你在嘴巴上吹得如何天花亂墜，大多數人民仍感到切身的痛苦，結果還是奉送你一個「憤恨」，倘大多數人民的經濟問題擱置腦後，而少數狐親狗戚的腰包問題反大解決而特解決，那「憤恨」更說不上什麼「盲目」了！

招商局收歸國營

我國唯一最大的航業機關招商局——也可以說是腐敗最著名的航業機關——最近已以「收歸國營」的名義在報上長篇累牘的供給新聞材料而吸集世人的特殊注意了。本刊對於過渡期間的財政，原主張逐漸增進國營生產事業的收入，務使經過相當時期之後，國營生產事業的收入能占國家收入的重要部分，一方面減輕人民對於國家財政上的直接擔負，一方面以所得利益公諸全體人民共享。但是我們對於「國營」，須先注意怎樣的「國」？怎樣的「營」？社友新生先生在〈中國財政的癥結〉一文裡（見《生活》七卷第四十期雙十特刊），認為此事「有一個大前提，即須先辦到政治清明官吏廉潔，而後國營生產事業始可得到充分發展而不致蹈官辦事業先肥私囊之覆轍」。現在我們做國民的對於「國營」能存有多少希望，須先問這個大前提解決了沒有？

據招商局新總經理劉鴻生氏對人表示，謂該局歷年來性質不清，厥為國有商有商有商辦及商辦官督等問題。「商辦官督」誠然和所謂「國營」者不盡同，但「國營」和「官」既脫不了關係，「官督」的成績和「官辦」的成績至少有相當的象徵作用。該局全體理監事於本月十四日宣誓就職的那一天，交通部長朱家驊氏在所致的訓詞裡，說起「不料監督制度實行至今，迄已五年，不但毫無成績，而該局營業之崩敗，如狂瀾既倒，莫可挽救」。前監督陳孚木氏甚至有受賄七十萬圓的嫌疑，躲在香港打著電報裝腔作勢不肯出面，大替《官場現形記》增加了一頁光榮史！

而且國營的最重要的目的是要將所得利益歸全國民眾共享。現在的鐵路算是「國營」的了，頭等車虧本而三四等車賺錢，加起價來卻是三四等活該倒楣，至於乘三四等車擠得好像裝豬仔一樣，那是民眾的當然權利，也可以算是「共享」的一種！闊人要看風景，花車少不了！火車既有花車，將來輪船大可特設花艙，俾得相映成趣！

「國營」兩字怪好聽，但是我們要注意怎樣的「國」？怎樣的「營」？

趣劇

近來我國軍閥們之勾心鬥角，頗能造出有聲有色的滑稽好戲給民眾賞鑑賞鑑。例如川中兩位劉大軍閥殘民以逞，劉湘不但堂而皇之的大發通電，而且於告捷電中大撒其謊，說什麼「我軍達到地點，人情歡躍，如飲甘露」，老百姓的心理被軍閥們猜得這樣準確高明，「廢止內戰大同盟」非趕緊把招牌放下，急將「廢止」改書「歡迎」不可，否則「歡躍」沒有機會，「甘露」又「飲」不著，豈非不勝瘟透可惜之至！本月二十日漢口來訊，謂二十一軍軍長劉湘以陸海空軍大舉進攻瀘洲，駐滬之第二十四軍劉文輝部悉力拒戰，實行主力之接觸，旬日以來，大小數十戰，雙方損失奇重，他們的勇敢真不在東北義勇軍之下！尤奇的是兩劉同時通電告捷，不知道他們倆互相火併，於他們之外什麼人打了敗仗了！兩劉打給軍事委員長蔣中正氏的電報，各稱「我軍」，不知自蔣委員長看來，兩面敵對的軍隊都「我」起來，究竟誰是真我，誰是假我，俾得論功行賞，傳諭嘉獎！劉文輝致蔣電說起「其最慘者莫如飛機，彈落則血肉橫飛，房屋灰燼，然傷亡者無辜之良民，殘破者精華之地方」，電內並未指明是誰幹的，難道以此表功嗎?可謂莫名其妙！

最近劉珍年因在山東做了一齣好戲，中央先要把他調駐安徽，安徽反對；改而調駐湖北，湖北又反對；再改而調駐浙江，浙江亦正在反對中。上海全浙公會於二十日電蔣委員長，行政院及軍政部，謂「膠東劉師不容於魯，調皖皖拒，調鄂鄂拒，茲聞調浙，群情惶駭，浙境安寧，無駐重兵必要，請另指防地，以安人心」。無處無「人心」，何處最便於政府安插衛國保民的軍隊，確是一個很費研究的問題！

聽說劉珍年在膠東雖號稱一師，竟擴充至三萬餘人，可見他志在做大軍閥，鴻鵠之志未達，所以弄得東拒西絕，與其說是他因為做了軍閥而受人拒絕，不如說他是因為未做到完備而倒楣，倘說民眾真已有了拒絕軍閥的力量，那我們真該雀躍三百，中華民國早該太平了。

臥著拿薪水

據報載最近馮玉祥氏對新聞記者談話，有「國家將亡，應臥薪嘗膽，但他們正在臥著拿薪水」等語，末了一句頗饒幽默意味。我們做老百姓的看慣了當今所謂要人也者，往往上臺時幹得亂七八糟，下臺後卻說得頭頭是道，所以我們對於大人先生們的高論，常覺得要大大的打個折扣。但像馮氏說的這句話，對於國難中老爺們的泄泄沓沓醉生夢死好像已倒在棺材裡的心理形態，似乎描摹得頗有幾分似處。拿應拿可拿的薪水，原不算什麼罪過，可是一定要不客氣的「臥著拿」，那撒爛汙的程度未免太高明了！

但是我們如略再仔細的研究一下，便覺得僅僅拿薪水的仁兄們，就是「臥著」拿的，大概都是藉此勉強餬口活家的可憐蟲。講到國家民族的元惡大憝，卻是那些不靠薪水過活，所拿的遠超出於薪水，你雖求他們僅僅安安分分的「臥著」而不可得的一大堆寶貝！

誠然，現在有一班全靠著顯親貴戚，在衙門裡掛個銜頭吃現成飯的官僚老爺們，拿著薪水無事可做，只須「臥著」就行。他們只要靠得著封建的殘餘勢力，尤其是有做小舅子資格以及能和這種資格發生直接間接關係的人們，都有便宜可揭，都只須「臥著拿薪水」！但是他們不得不求生存，這樣的社會既不能容納這許多求生者，他們只得往比較可以餬口的路上鑽。對這種人我們仍只覺得憐憫，認為是社會制度造成的罪惡。

至於上等的貪官汙吏和搜括無厭還要打著玩玩的軍閥，那是「臥著拿薪水」並非他們所屑為的。「捐稅名稱之繁，既已無奇不備；勒借預徵之酷，復又遍及災區。」（見國府請求川軍停戰命令）這比「拿薪水」要高明得千萬倍了，但他們卻不願安分的「臥著」，卻要「罔顧國難，藉故交兵，軍旅因內戰而損菁英，黎庶因兵劫而膏鋒鏑」。就是客客氣氣的請求他們「引咎互讓，立止干戈」（亦見上令），他們仍充耳不聞，玩得起勁，這就請求他們「臥著」而不可得了！

臨死不忘義軍的徐君

滬江大學被車撞重傷殞命的學生徐煥棣君，據他的阿兄所述，徐君因肝部破裂三寸許，不能醫治，致於上月十三晨五時一刻逝世，臨死時念念不忘者乃東北義勇軍，遺囑阿兄將他的衣袋內所餘的二十餘圓捐助為義勇軍軍費。肝部破裂三寸許是何等痛苦的病症，臨死是何等緊急的時間，乃能於此痛苦呻吟之中，即將瞑目之際，念念不忘東北義勇軍，其意義不在二十餘圓的物質數量，乃在其一片至誠——令人感動的熱血肝膽！他的這種精神，足以代表終必復興的中華民族的青年為大眾利益而奮鬥的精神！記者對徐君的不幸夭折，敬表無限的惋惜，對於徐君臨死時的念念不忘民族前途安危的純潔高尚的精神，尤表無限的敬意。

為民族生存奮鬥而視死如歸的東北義勇軍，其可歌可泣的事實，常傳入我們的耳鼓，使我們感愧，使我們奮發。據齊齊哈爾電訊所傳，謂「日軍占領道鎮後，谷部隊於十七日（上月）上午十一時與義勇軍一百五十人衝突，該軍隊長為妙齡女子，騎白馬單身衝入日軍中激戰，遂戰死」。又據北平電訊，「救國軍女隊長陳春波，十日（十一月）率隊攻綏，與敵戰一晝夜，被敵機炸傷左腿，當退韓家溝待機，大部刻已移集熱邊凌源一帶」。以弱質聞於世的中國女青年，有這樣慷慨赴義的決心和精神，誰謂我們的民族沒有光明的前途？陳女士還有人能舉其名，若單身匹馬戰死的那位女傑，並其名而未宣於世，犧牲一身為大眾福利奮鬥，但求其心之所安，名固身外物，無足輕重，但是這種無我的精神，愈足令人悲慨感奮。

最近有在廣州某大學任社會學教授的某君來滬過訪晤談，據說他所遇著的在廣州就有數百青年，均表示苟有裨於民族的拯救，雖死無憾。以效死的精神為民族奮鬥，這是中華民族的救星。我們於悼惜紀念徐君之餘，連念及此，不禁於黑暗中好像望著了前途微露著的曙光，讓我們攜手努力，共奔前程。

無名英雄墓的創建

最近看到創建無名英雄墓委員會送來的一份「募捐啟」，略謂「『一二八』之變，我軍苦戰三十餘日，其間抵抗最久，炮火最烈，傷亡最多者，實為廟行鎮一帶。廟行一村落耳，居民僅百餘戶……敵攻閘北，久不能下，乃續調大軍，改設主攻點於此……我軍因屋為營，掘壕死守，在炮火機彈狂轟猛射之下，村屋全毀，士卒死亡山積。然於我軍總退卻前，敵未能越雷池一步！嗚呼，此非我民族精神之表現耶！……而當時粉身碎骨之大多數士卒及義勇助戰人民，遇害而不知姓名者，僅餘荒塚累累……爰於抵抗最久，炮火最烈，傷亡最多之廟行鎮東南隅，度地營阡，表曰：『無名英雄之墓』……墓之周圍，遍栽花木，藉以供護俠骨忠魂……而二十一年來所受至慘至酷之外侮，可以於後人腦海中，永留一深刻之印象，用以奮起我民族之觀感……」

為民族大眾的生存而奮鬥，死抗帝國主義的侵略而不自顧其身的無名英雄，誠值得我們的頂禮膜拜，永誌哀思，所以我們對於無名英雄墓的創建，很願樂觀厥成。當日帝國主義的暴軍掠奪東北入寇淞滬的時候，實際奮起抗敵的，在東北僅有馬將軍（後來才有李杜、丁超、蘇炳文等健將），在淞滬僅有十九路軍（最後加入一小部分的第五軍），而當時負有守土抗敵的軍事長官固不止此，都明哲保身的不知滾到那裡去了！所以這座墓的建設，除「募捐啟」中所舉的兩點效用外——供護俠骨忠魂與永留深刻印象——還有一個很大的效用，就是愧死只知對國民耀武揚威，只知在嘴巴上說得天花亂墜的軍閥們！

可是我們如再進一步想想，卻還有一點很可痛心。世界大戰後各國也盛行所謂「無名英雄墓」，因為他們在實際上不過做了帝國主義者的工具，所以只可憐而無可敬。我國的「無名英雄」抗的誠然是帝國主義了，而實際所保的是什麼？保了同胞大眾呢？還是保了軍閥官僚們的地盤飯碗？這個答案是應由後死的同胞負責回答的，因為死者不能復生，要使得死者不致白死冤死，全靠後死者的努力，這卻不是僅僅創建一座墓所能了事的了！

國府遷回南京

距今三十二年前（即庚子，公曆一九〇〇年），義和團之亂，八國聯軍直破京津，前清西太后挾著光緒奔到西安逃難，壬寅（一九〇二年）見無逃難必要，才一同回鑾，換句話說，也就不過是逃難逃回來罷了。這是中國歷史上一件很可痛心的故事。淞滬抗日戰爭發生，日艦威逼首都，政府於倉卒間「乃徙洛陽」，並宣言長期抵抗，在洛陽「長期抵抗」了足足十個月，最近「以適應環境，東返首都」，已於十二月一日遷回南京，宣言「持續長期抵抗之策略」，並舉行異常隆重的「回京典禮」，由全體官員迎主席入城，至國府禮堂受賀，極一時之盛。這次政府的「徙」來「徙」去，和庚子禍亂之「逃」來「逃」去，其受帝國主義暴軍之協迫雖同，而不可相提並論者，因庚子禍亂，當道者自言是逃難，前清西太后在行在時還下詔罪己，這次卻大大的不同，因為「乃徙」時是為著「長期抵抗」，「東返」時又是為著「長期抵抗」！可見只要有「長期抵抗」的決心，「徙」也這樣，「返」也是這樣；這樣看來，「抵」不「抵」和「抗」不「抗」，在實際上和一「徙」一「返」有什麼直接的關係，卻令人越想越糊塗了！有位王復鼎先生在《申報》上登著「聞國府遷回首都感賦二絕」，其第二「絕」是：「幸得將軍不顧身，河山半壁挽沉淪，洛陽道上元勛駕，重入金門拂路塵。」這卻是一件不必想而絕不致糊塗的，因為這明明是一件切切實實的事實擺在我們的面前。

說到這裡，想起吳稚暉先生說過幾句妙語，他說：「行政院譬如土地堂，有土地堂，老百姓還是吃飯睡覺；沒有土地堂，老百姓也是吃飯睡覺，故無焦急必要！」這話如果真說得去，我們做老百姓的真樂得高枕而臥，但是國都搬來搬去雖似乎和老百姓的吃飯睡覺不生關係——因為和「長期抵抗」尋不出關係，而是是否真能「禦侮圖強」，老百姓卻無法不焦急。

追悼殉難四童軍

當暴日蹂躪淞滬，忠勇的十九路軍及一小部分的第五軍血戰抵抗的時候，有中國童子軍第五十團團員羅雲祥，鮑正武，毛徵祥，應文達四君，因眼看著無數同胞被暴敵無辜殘殺，乃根據童子軍第二條——隨時隨地，扶助他人，服務公眾——的訓詞，隨著戰地服務團奔往戰地輔助紅十字會，救了不少受難的同胞的生命，乃竟遭暴敵擄掠慘殺，以身殉難。上海童子軍理事會特於本月十一日在市商會舉行追悼典禮，並舉行殉難四團員紀念碑揭幕典禮。四君年齡最幼者十六歲，最長者不過二十一歲，都是英俊有為的青年，為我們這個正在掙扎奮鬥的民族效力之日正長，遽遭非命，曷勝悼惜！但捨身救同胞於危難，為民族抵抗帝國主義的殘暴而犧牲，這是有意義的死！這是值得永遠紀念的死！

舉行四位烈士追悼的《大會宣言》裡面有「撫念忠烈，益慚後死」之語，我們反覆誦讀這八個字，尤不勝其感慨係之。但記者於追悼四君之餘，還有一點要和全國有志青年提出，加以鄭重的解釋者，即我們所以「扶念忠烈，益慚後死」者，其注意要點絕不在「死」字，而在乎他們四位所以死的意義。每見愛國青年，動輒想到死路，報紙傳述，屢見不鮮，即在記者執筆作此文的前一日，即有一位十六歲青年學生嚴世英服毒自殺於旅舍，遺書有「東北失陷，國事蜩螗，憤慨異常，生不如死」等語，這就只想到一個「死」字，以為只要一「死」，便足以風世，而不知道無意義的死，和死一隻貓一隻狗沒有什麼兩樣！或者有人說他為憂國而死，何謂「無意義」？其實所謂「有意義」，不僅指動機，尤重行為，像四君的死，所以有意義，不是他們躲在房間裡自裁所造成的，乃在捨身救濟危難中的同胞和抵抗帝國主義的殘暴的行為上表現出來。

人間地獄

記者最近在一個午夜裡偶然看到有位吉雲先生作的〈關中見聞紀要〉(見《獨立評論》第二十九號)，描寫陝西的無辜農民受著當道「逼款」的慘酷，輾轉反側，一夜睡不著。據說該省「每縣每年派『煙款』若干萬，再由縣政府按全縣田畝分配，無論你種不種鴉片，派給你的『煙款』總是要繳的！」「一方無力繳，一方想法逼他繳」，故有「逼款」這個新名詞的產生。至於「逼款」所用的方法，第一步派許多公差到欠款的人家，把他可以變賣的東西，自耕牛到碗筷，一概拿走！第二步把他捉將官裡來，先打五百「畫板」，限三天繳款！過三天沒有，加上五百打一千，又限兩天，限滿沒有，再打一千，加上一副鐐，改限一天，如此演進下去！該文作者尚有一段至慘極酷的敘述：「我記得我們從盩縣向西到了一縣，因為那個地方荒僻得很，沒有靠得住的店，不得已到縣政府借宿。我們住的房子就是法庭前邊的西廂，東廂是收發處。我們因為一天奔走疲倦了，早就睡覺。剛要入夢的時候，忽然聽到那位收發先生大聲叫傳人。不到一刻，果然聽到腳步和鐵鐐雜亂聲，差役呵喝聲，『堂上』拍『驚堂』呼打聲，杖責聲……哀求聲，號哭聲，嗚咽聲！我起初想被訊的那一班犯人不是土匪，也是犯殺人罪，不然絕不會帶鐐打板子的。跟後又聽出『堂上』怒罵，限張三一天內繳五十，李四兩小時內繳二十，方才明白……是『逼款』！他們這樣鬧到半夜，才慢慢沉寂下去。」該文作者第二天因下雨再留一夜，到了夜裡還是照樣這一套！還是聽到那種「號哭哀求，悽慘的哽咽」！據說他後來走的縣份多了，看見各縣差不多一樣！經不起毒刑的人只有賣妻子贖命，不願賣妻子和沒有妻子可賣的人便只有待斃。

篇幅有限，介紹的話說得長了，不能多加評論，但國人看了這種事實，也必能自下結論。我要問這是否人間地獄？閉目設身處地想想，誰能不痛哭？有國無國，和這班求生不能求死不得的民眾有什麼相干？我更要問這是誰的責任？這是誰的責任？

一年一度的新年

每過了三百六十五日，都可遇著一年一度的新年，這原是一件很平凡的事情，但是常人總喜歡在這新年裡結束舊帳，開拓新機，懷著種種新的希望。不過這也要看什麼人。像歐美各國便有好幾處有成群結隊的失業者，乘此機會舉行「索食示威」，受著軍警的嚴厲取締，未過年沒得吃，過了年還是沒得吃。例如我國關中一帶的苦百姓，被當道逼繳「煙款」的時候，帶著手鐐腳銬在大老爺堂上被杖責得慘呼痛號，未過年繳不出「煙款」要挨打，過了年繳不出「煙款」還是要挨打。又例如甘肅一帶的老百姓吃樹皮草根，十六七歲的大姑娘還沒有褲子穿。未過年這班老百姓吃的是樹皮草根，過了年這班老百姓吃的還不過是樹皮草根。未過年這班大姑娘的褲子發生問題，過了年這班大姑娘的褲子還是不免要發生問題。總之過年這回事在他們是「有若無」的，沒有舊帳可以結束，沒有新途可以開拓，當然沒有什麼新希望可給他們懷著。此不過隨手拈來，略舉數例，此外大多數勞苦民眾未過年是救死唯恐不贍，過了年還是救死唯恐不贍的，更不勝枚舉。至於東北受不抵抗主義的恩賜，熱血義民因反抗日帝國主義而死於非命的；閘北，吳淞，江灣，瀏河，太倉一帶，抵抗日帝國主義而犧牲的忠勇軍士和無辜良民；較近在撫順附近之千金堡，栗子溝，平頂山三村，暴日軍隊因探悉有大刀義勇軍三人至平頂山探路，即將三村男女老幼三千餘人，用機關槍掃射慘殺；凡此種種在未過年以前，都已送了生命，都來不及過年了。此外就是勉勉強強可以過年的人，在這種呻吟號哭的環境中，雖欲強顏歡笑，亦不可得。

這樣看來，要過個比較的心安意得的年，似乎是一個微乎其微的問題，但是也和民族的整個出路脫不了關係。民族的整個出路，在政治上的領導者能以大眾的意旨為意旨，能以大眾的力量為力量。《申報》上有位穗先生在〈新年獻詞〉裡說過這樣的幾句話：「在一種嚴密計畫之下，使大眾能各盡其力，各盡其能，而且人人是為社會盡其力盡其能，才能獲得大效。不能與民眾打成一片，不能運用民眾的偉力，這恰為自取滅亡之道。」這誠然不錯，但是要民眾能為打成一片，要民眾的偉力能為所運用，這種「嚴密計畫」必須能代表大眾的意旨，然後才能獲得大眾的力量。

根據這個觀點，我們至少要希望過了年以後，在禦侮方面，在內政方面，在建設方面，和未過年以前的空調兒爛調兒有些不同。

民權保障同盟

最近宋慶齡、蔡元培諸先生等發起組織「中國民權保障同盟」，於上月二十九日在本埠華安大廈招待本埠中西各報社記者，記者亦承邀列席，略貢管見。據該同盟《宣言》所述，目的有三：（一）為國內政治犯之釋放，與非法的拘禁酷刑及殺戮之廢除而奮鬥，並願首先致力於大多數無名與不為社會注意之獄囚；（二）予國內政治犯以法律及其他之援助，並調查監獄狀況，刊布關於國內壓迫民權之事實以喚起社會之公意；（三）協助為結社集會自由，言論自由，出版自由，諸民權努力之一切奮鬥。該《宣言》劈頭就說：「中國民眾以革命的大犧牲所要求之民權至今尚未實現，實為最可痛心之事，抑制輿論與非法逮捕殺戮之記載，幾為報章所習見，甚至青年男女有時加以政治犯之嫌疑，遂不免祕密軍法審判之處分。」據蔡先生談及，孫夫人自謂她所知道的這種青年被非法拘禁，身陷黑暗境域，而為世所不聞不問者，即不在少數。孫夫人致詞中對於「非法拘禁與中世紀遺跡——祕密軍法審判之存在」（孫夫人語），尤有痛心疾首的表示。

我們對於諸先生的意旨和熱誠，敬表示無限的欽佩，唯在目前的實況之下，民權是否僅靠文電之籲請力爭所能保障，實屬疑問，該同盟《宣言》裡亦曾提及「我輩深知對此種狀態欲為有效與充分之改革，唯有努力改造產生此種狀態之環境」，諸先生也許亦有見及此，不過未便明言罷了。也許以宋、蔡諸先生身負黨國重望，益以精誠熱血，力爭正義，為暴戾恣睢者所未敢橫加摧殘，收效或非平常民眾團體所可同日而語。我們當然希望該同盟之積極進行，並願竭其綿力所及，實踐孫夫人所謂「對於共同之使命應有聯合之戰線與忠實之合作」。

我們從歷史上看來，便知民權之獲得保障，絕不是出於統治者的恩賜，乃全由民眾努力奮鬥爭取得來的。不過依統治者的程度之高下，這種努力奮鬥爭取亦可有兩種途徑之分別。一種是用比較和平的方法，一種則為流血革命。前者為比較開明的統治者所能容納，後者則為冥頑不靈者所終必自招，所謂自掘墳墓者是。且就歷史上的事實看，總是到前法用到山窮水盡，無路可走時，第二法不待敦請而自己要應著環境的需要而強作不速之客。孫、蔡諸先生所發起的這個「民權保障同盟」當然是屬於第一法，為中國計，我們當然希望該同盟的成功——希望之能否成為事實，那要看對象如何了。

木炭代汽油的發明

我們願竭誠對我國發明木炭代汽油的青年發明家湯仲明先生致敬禮。

湯先生河南孟縣人，現年才三十六歲，曾於民國八年赴法，專習機械工程，併入汽車火車飛機廠實習，在法研習七年，民國十五年回國後擔任隴海路開封修械廠廠長，隴海第三段段長，現任該路機械工程師，公餘仍悉心研究，並以月薪所得作試驗費，數年如一日，鑑於我國經濟落後，工商業品幾於十八九均仰給帝國主義的國家，即就內燃發動機原動力所用汽油一端而論，全國統計，每年外溢的金錢便在三萬萬圓左右，漏巵之大，至可驚人，且築路聲浪，充滿全國，汽油消費必隨汽車增多而俱增，一旦國際間發生戰事，汽油來源斷絕，於交通及工業生產，影響尤大，乃於民國十六年開始祕密研究木炭代油爐之製造，屢次改造，到民國二十年始告成功，現已在實業部立案。在陝西試驗代油汽車，屢作長途旅行及爬坡，平均速度達二十五英里，更無汽油臭味，且價值與汽油相較，為一與十之比，其價廉物美可見。聽說山西閻錫山氏已和他簽約，在太原設廠製造，以應社會需要。倘能精益求精，普遍利用，於交通及農工業上的機械都有很大的貢獻，果能由此以一人的心血發明，為本國歲省數萬萬圓的漏卮，對於國家社會的功績為何如？這是就對外的一方面說，講到對內，是否不致僅為少數軍閥官僚裝腰包，而真能將實益公諸大眾，那又是另一問題了。

我國人的聰明才智，並不遜於他國，往外國學習工程者亦不在少數，但回國之後，不是做尸位素餐的官僚，以消磨志氣；便是做僅僅捧讀外國書本原文為能事已盡的教授，以虛擲光陰。此外餘暇往往盡瘁於飲食徵逐的無謂應酬，埋頭於麻將撲克的傷神把戲，能有或能用其實際的學識經驗以成事功者已少，能對所學繼續刻苦研究以期有所發明而貢獻於社會者更少。我們希望這班老爺們和教授們都能聞風興起，不要把從外國得回來的銜頭文憑作敲門磚，把門敲開了，便把磚拋到不知去向！

中國又多一處王道樂土

據天津電訊所述：「日將鈴木六日宣言，絕不由榆關城退出一步，又在榆關發布告，勸人民安業，則可成與『滿洲國』同樣之王道樂土。」中國承蒙日帝國主義的軍閥的恩賜，又多一處「王道樂土」了！

我們試閉目想像這塊「王道樂土」的慘景，便可知道暴日的大陸政策倘若完成，將全中國淪為「王道樂土」的時候——我深信這個「時候」是可由我國的努力奮鬥避免的，但如像現在的變相屈服的「長期抵抗」卻沒有希望——中國人所享得到的「樂」趣！山海關失陷之後，城內外大火，燃燒三日三夜，屍骸遍地，血腥狼藉，呻吟待死者不可勝數，日軍藉口掃清戰場，挨戶搜查，浪人流氓，從而助虐，誣犯嫌疑，任意慘殺，對青年學生，仇視尤甚，死於非命者前僕後繼，青年婦女，任被強姦輪姦，莫敢誰何。這種慘酷的遭遇，一部分同胞及身先受，實為全民族先嘗苦楚，先被侮辱，時間雖有先後，禍難終將遍及，我們要為全民族的生死存亡禍福，團結全民族的力量，起而抗敵。蔡廷鍇將軍致中央請纓電，有「不忍犧牲國土以博個人苟安享樂」之語，東省由不抵抗主義而拱手奉送之後，平津是否可以「苟安享樂」，當前事實，已足證明，即欲「犧牲國土以博個人苟安享樂」，也只能做到前半句，後半句還是終成泡影。張學良到了最近，也有「對日暴行只有血肉一拚」的話，未嘗不是他親身閱歷得到的教訓，雖嫌太晚，果有誠意，我們未嘗不許人自新。在民眾方面，在下級軍士方面，實早有奮身抗敵不畏犧牲的決心，這只須看全國民眾對於拚死抗日的馬占山、蘇炳文，東北義軍，及喋血淞滬的十九路軍第五軍的態度，以及在忠勇奮發的領袖所領導下的抗敵戰士之視死如歸，便可不言而喻，此次山海關三晝夜之抗戰，安德馨營長全營三百人力戰殉難，無一生存，其義烈尤可感泣。問題全在手握國家大政者能否放大眼光，速決大計，勿為個人保實力，但為民族闢生路。

又一王道樂土的消息

有友人某君新自東北來滬，一群朋友見著他，便圍著殷殷詢問關於已被日本在前年九一八攫去的那塊「王道樂土」的近況，他報告了許多事實，我現在要撮舉一二轉告讀者。

據說在這塊「王道樂土」裡的中國人的生命財產，無時無刻不在日人任意支配中，即無時無刻不在危殆中，只要他覺得你有些微反日的嫌疑，儘管毫無證據可言，可以隨隨便便的結果了你的生命，由此含冤而死者無數。日人則叱吒風雲，華人則朝不保夕，常常死得莫名其妙！

有一個鄉女進城，有幾個日兵問她是哪一國人，她脫口而出的說是中國人，被他們痛打耳光，這個鄉女嚇呆了，想起他們是日本兵，便改口說是日本人，不料他們打得更厲害，說你哪配做日本人！這個鄉女最後只得說「不是人」，他們才哄笑一陣，饒她一命。這是中國人在「王道樂土」中所受的侮辱的一斑——也許就是「王道」的待遇吧！

在這塊「王道樂土」內，關內的報紙當然是一概不准看，雖有「日本漢奸」（即日本人自己做日本的漢奸）以重價偷售《大公報》以圖利，但看到究屬不易，西文報紙因有洋大人保鏢，取締很鬆。這位朋友有一天帶了一份西報，到一家店去買東西，店裡有好幾個中國商人見他看西報，便圍著問他關內的情形，問他張學良是否還想不抵抗，問他中央政府是否有出兵收復失地的計畫和誠意，如有幾時可到，盼望得什麼似的。據這位朋友在東北民間所得的印象，一般民眾都恨極了張學良的不抵抗，都盼望關內能出兵收復失地，說他們的身家財產都可不怕因此而犧牲。我說關內的民眾和中央政府實愧對這一班患難中的關外同胞。

又據這位朋友說，在瀋陽的西僑輿論，固不直日人的暴行，但有的西報社評卻認為日人固然野蠻，但對付中國民族卻只配用這種野蠻的手段；並謂日人的暴行，任何西方國民均不能忍受，而中國人卻能忍受，所以該受！我們聽了這樣的論調，作何感想？

不便發表下的管見

據《申報》所載，軍政部長何應欽氏對訪者答語謂：「中央對日真正態度，事關軍機，不便發表。」又據《新聞報》載：「軍界息，某要人談，政府對抗日早具決心，並有相當布置，國人可以安心。」上海市長吳鐵城氏最近由京回滬，對新聞記者談話，也說「中央對榆關事件，經迭次縝密討論結果，已決定軍事外交逐步應付方針，詳細內容，未便宣告」。我們民眾自從聽見榆關關不攏，九門口又塞住了，雖性子極和緩，素來慣樂觀的人，都苦於無法「安心」，要想知道一些我國對付暴敵究竟有了什麼錦囊妙計，又礙於「軍機」之「不便發表」，「內容」之「未便宣告」，這其中的「不便」和「未便」，固然不能說沒有相當的理由，因為抗禦敵人的打算，誠有祕密的必要，不過我們這班「阿斗」所惴惴不安者，自九一八以來，「鎮靜」迄今，瀋陽失後繼以錦州，錦州失後繼以黑龍江，黑龍江失後繼以山海關，山海關失後九門口又在岌岌可危之中了，恐將「繼」著下去的還有熱河和平津，依照田中政策，「繼」的地方尚多，「繼」的日期正長。講抵抗，則馬占山、蘇炳文以及淞滬十九路軍之自動抗敵，局部應戰，或以援絕彈盡而忍痛退卻，或以援兵過遲而力竭聲嘶，責任何在，至今未明。此次榆關之戰，最初仍奉令不准開槍，直至軍士見敵邁進而憤激不能再自抑制，始自動開槍還擊。此種事實，各報均有詳載，早成公開祕密，記者非有意於國難方殷，猶作詰難之辭，唯懲前毖後，前事不忘，後事之師，倘所謂「軍機」，所謂「內容」，在事實上的表現，仍不外乎但求倖免的心理，缺乏整個的計畫，雖有少數忠勇奮發的將官軍士在前敵作殊死戰，為民族爭回幾分人格，但無主宰，無聯絡，無增援，徒成為敵人所「各個擊破」的各個「孤軍」而已。他人以整個計畫，全國力量，侵略我土地，斷絕我民族生路，而我們卻只頭痛醫頭，腳痛醫腳，甚至忌疾諱莫如深，對內勇於對外，這是何等慘痛的現象！

倖免心理所得的反應

我國應付國難的方針有嗎？有！在文電上所宣布的，當然是說得天花亂墜，在事實上所表現的是怯懦，怯懦的背景是始終抱著倖免的心理。這種心理的具體表現是以平日高唱打倒帝國主義的中國，竟始終死心塌地專想倚賴帝國主義的集團——國聯——就是後來明知國聯絕無可靠的希望，所謂「要人」也者，也還是口口聲聲說國聯必能替我國主持公道。其先國聯還唱著「空城計」，掛羊頭賣狗肉，據最近的形勢，索性在「城樓上」下令歡迎「司馬懿」，索性把「羊頭」拋掉，老老實實的公開「賣狗肉」了。據日內瓦電訊所述，國聯祕書長德魯蒙先和日本杉村（任國聯副祕書長）商定所謂「新的妥協案」，並未與中國代表商量，所以該案全文已由松岡洋右電達東京政府，而我國代表在十四日尚謂對於此項建議內容，毫無所知。中國向國聯乞憐，國聯並未把中國放在眼裡，已極明顯。據十五日電訊所傳，此案內容「既無一字語及滿洲偽組織，亦未提及美國與蘇俄，僅暗示有若干非會員國加入調解之可能而已」。所謂「無一字語及滿洲偽組織」，何異默認日在東北掠奪的行為？但在日軍閥仍不滿意，尚要求修改：（一）宣言文中，關於尊重〈李頓報告書〉一節，則無異認「滿洲國」之組織，出諸日本之手創，此點應削除；（二）五國委員會職權，應限在促成中日直接交涉之範圍，不能當作解決中日紛爭之機關；（四）國聯尚未明確放棄邀請美俄之參加。日本不但要國聯默認它掠奪東北的行為，而且還要承認它的行為正當——即須承認偽組織非出於日本之手創。此外要求「直接交涉」，在它是自以為看透了中國只有望屈服的一條路上跑的，所以斤斤於「直接交涉」，有恃無恐。國聯之必始終遷就日本，這是擺在眼前的，我國自己作何打算呢？

為國捐軀的安營長及士兵

榆關抗敵血戰，以南門之戰為尤激烈，守南門的安德馨營長，奮勇殺敵，苦戰一晝夜，負傷臨陣，敵衝進時，率眾三百人與敵肉搏，全營殉難。安為清真教徒，屍身由山海關回教友冒險搶獲，靈柩於本月十八日運送到平，各界代表及民眾到站迎接者萬餘人，十九日在北平清真寺開吊，官民紛紛冒雪去行最後敬禮者絡繹不絕，將運往他的故鄉保定安葬，報名送葬者已逾萬人。我國民眾對於為民族生存而奮鬥犧牲者的崇敬與哀思，又有了很顯明的表現。

據安營長的阿兄德明談，說他的弟弟於國難嚴重時期，即將家眷送往故鄉，以備盡忠於國，後又致函家中，謂外侮日亟，我已準備為國守土，置生死於度外，家中諸事可請大哥（即安德明）負責照管云云。又據上海回教同人接北方電報告安氏抗敵經過，謂於日軍尋釁時，曾對他的士兵說：「我安某一日在山海關，日人一日絕不能過去，日人欲過去，只有在我們的屍骨上過去。」並於上戰場時，大呼「中華民國萬歲！」士兵聽了，無不奮勇當前，慷慨授命。於此可見安營長為國殉難，早具決心。嗚呼！「日人欲過去，只有在我們的屍骨上過去！」這種為民族爭生存而奮鬥犧牲的精神，我們後死者應該含淚承受，踏著先烈的血跡前進！

我們所沉痛悲憤者，倘我國果有整個的抗敵計畫，通盤的聯絡布置，以安營長及其部屬的忠勇奮發，所得結果，必不僅此。此次榆關抗戰，將官因奉令不准使事態擴大，有礙交涉，不准開槍還擊，敵部爬城進攻，只擲磚石，後敵猛攻前進，才於憤激中開槍抗禦，此中戎機，已有出入。又據北來通訊，當敵方援兵湧進，炮火最烈之時，我方守兵不但無法換班進膳，即補充子彈，亦不可能，可見布置單薄，原無充分準備。在這種艱苦困難的環境中，而士兵猶能百折不回，死守不去，從容就義，尤令人聞之泣下，而所以致諸將士於如此環境中效死者，其責任何在，我們願於憤慨哀痛之餘，提出一問！

自援式的逃命

在此國難日迫，聽說北平有大學校的學生向學校當局要求提前放假，停止考試，作「自援式的逃命」，很引起各方面的憤慨責難。據路透社北平電訊所述，謂「此間血魂團因有許多學生深恐日軍攻入，紛紛離平，斥為無恥，謂若人人如是，則日軍可安步而入，揚言擬以對付賣國賊之手段對付此輩學生。」北平市民陳學渡等三百六十五人，亦因此事，憤然呈請中央移用教費充軍費，謂在此停課時間，學校實不應再領國家以人民血汗得來之教費，理當移充抗日之軍需，以保國土而光民族。北平各界於二十二日開會追悼榆戰陣亡將士，童子軍輓聯亦有「將士飲彈殺敵，烈於千古。學生罷考潛逃，臭及萬年」之憤語。這種怯懦的自私的表現，我們誠無法為這班青年辯護，但是記者卻不因此而就走到絕對的悲觀方面去，至少有兩個理由：

（一）這種行為不是可以代表全部分青年的心理。即就北平採取「自援式的逃命」政策的大學生而論，聽說燕京和清華也在內；但據一月十四日《申報》北平電訊，燕京大學即有一部分學生於當日赴熱河參加抗日工作，又謂該校女生亦將赴熱，參加救護工作，現正為前方將士縫製棉衣；又二十三日該報北平電訊，說「清華製造煙幕彈成功，定明晨全體參加工作」。可見他們也不盡是「逃命」專家！

（二）怕死是人類本能，淞滬抗日血戰中，日軍降兵有叩頭求饒一命的，說中國人一定比外國人怕死，殊不盡然。只須有真能有計畫有決心有真誠信仰而為民族奮鬥努力領導的中心力量，必定有多數人自願拋卻身家性命一同向著前程邁進的。國民革命軍北伐時代，不顧九死一生的革命活動，不是青年肩負的嗎？同是中國的青年，何前勇而後懦？無他，領導的中心力量有勇懦而已。路透社十三日有一北平專電，謂「北大學生昨晚開排日會議時，警察莅場拘去七人，內有女生二人」，民氣消沉，青年裹足，癥結何在，可以想見。

《江聲日報》經理劉煜生被槍決案

鎮江《江聲日報》經理兼主筆劉煜生君於一月廿一日被江蘇省政府當局槍決一案，據一月三十日《申報》消息，監察院認為「此舉顯屬破壞法治精神」「監察院職司所在，當然不能漠視」；全國律師協會「決呈請司法部指定審判機關，即將提起控訴，以維法律」；首都新聞記者協會亦決議「呈政府依法嚴懲蘇省當局，以保人權」。可見各方面對此事已加以嚴重的注意。此事是非所在，不僅是劉君一人的冤死問題，也不僅是《江聲日報》一個報館的存亡問題，也不僅是新聞界的言論自由問題，是和中山先生所揭櫫的「民權」問題有直接的聯繫。關於這一點，監察院呈報國府的彈劾呈文有很明瞭的敘述，謂「訓政時期《約法》，為訓政期內根本大法，凡政府民眾應一律遵守，以期促成憲政，按該法第二章第八條之規定，人民因罪犯嫌疑被逮捕拘禁者，其執行逮捕或拘禁之機關，至遲應於二十四小時內移送審判機關審問……江蘇省主席顧祝同於本年（按指去年）七月廿六日拘押鎮江《江聲日報》

經理劉煜生於該省保安處戒嚴司令部，迄今五月之久，尚未移送法院……違背《約法》，蹂躪人權」。此案之有關係於一般國民所託命的民權問題，是很顯然的。

聽說劉君的罪狀為「宣傳共產」，據本月廿五日《時報》所載蘇省主席顧祝同氏在紀念週報告此事，謂「最顯著」的證據乃在該報副刊「鐵犁」中所登的幾篇文字。但依監察院的呈文，則謂該副刊中所登載的各篇小說，「僅描寫社會生活狀況之作品，此類文字，京滬各報，時有揭登」。退一步說，即假定劉君果有共產嫌疑，但如牛蘭、陳獨秀各案尚且移送法院依法審查辦理，劉君何為獨被糊里糊塗地槍決？

此案就法律的手續和罪名的內容言，政府都有徹底根究以昭示於全國民眾的必要。民眾的信任是要用守法的事實來獲得的。遇著這種事實的問題，結果如何，又是政府能否獲得民眾信任的一種試金石了。最近常聽到起草憲法的談話，如有法而不能行，起草何用？又何能引起民眾的信任？

新聞記者

剛在上段論到一位因職務關係而送掉一條性命的新聞記者（劉君平日為人如何，我這個腦袋暫得保全的記者雖不深悉，但他此次喪身，既為「副刊」文字遭殃，無論有無其他陷害的內幕，他總可算是因職務而犧牲了），連想到關於新聞記者方面，還有一些意思可提出來談談。

前幾天報上載著一個電訊，據說「波斯京城《古希士報》總主筆，日前以波斯王將其侍衛大臣某免職，特致電於波斯王，稱賀其處置之得宜，滿擬得王之嘉許，不意波王得電後，大為震怒，以一區區報館主筆竟敢與一國君主談論國事，遂罰彼為宮前清道夫」云。以報館總主筆罰充宮前清道夫，這位「波王」也許是善於提倡「幽默」的一位人物。雖則那位總主筆「滿擬得王之嘉許」，一肚子懷著不高明的念頭，辱不足恤，但是「以一區區報館主筆竟敢與一國君主談論國事」一句話，卻頗足以代表一般所謂統治者的心理。他們以為只須新聞記者能受操縱，能馴伏如綿羊，便可水波不興，清風徐來，多麼舒服。其實新聞紙上的議論，不過是社會心理的一種反映，它的力量就在乎能代表當前大眾的意志和要求。社會何以有如此這般的心理？大眾何以有如此這般的意志和要求？這後面的原因如不尋覓出來，做根本的解決，儘管把全國的言論都變成千篇一律的應聲蟲，「水波不興」的下面必將有狂瀾怒濤奔臨，「清風徐來」的後面必將有暴風疾雨到來！

固然，各種事業有光明的方面，往往難免也有黑暗的方面，如上面所引的「滿擬得王之嘉許」的那位總主筆，便是咎由自取。不過報紙的權威並非出於主筆自身的魔術，乃全在能代表大眾的意志和要求，脫離大眾立場而圖私利的報紙，即等於自殺報紙所以能得到權威的唯一生命，那便不打而自倒了。

三層奴隸

據北平電訊所述，「溥儀在長春為三層奴隸，百事須秉承鄭孝胥，鄭秉承駒井，駒井聽命關東軍」，奴隸的生活算是很可憐的，但奴隸之下的奴隸做到三層，在奴隸中的程度可算是超等的了。此處所謂超等，也就是所受的壓迫有了超等的資格。這裡面的關係並非像直線的那樣簡單，由關東軍壓迫駒井，由駒井轉而壓迫鄭孝胥，由鄭孝胥再轉而壓迫溥儀，這似乎是一條直線的壓迫統系，但在溥儀受了鄭孝胥的壓迫之外，同時也不能就可免受駒井和關東軍的壓迫，這便構成重重的壓迫，最低層的奴隸所受的壓迫當然是最繁重的。同一電訊裡說起溥儀「每於無人時輒自墮淚」，這個可憐蟲連「墮淚」都得不到自由了，其苦楚可以想見。

大家聽見溥儀做了三層奴隸，以為是很可憐的了，其實無論在那個殖民地裡，凡屬外受帝國主義摧殘，內受軍閥官僚土豪劣紳等等壓迫的人民，究竟做了第幾層的奴隸，倒也是一個很可研究的問題。就壓迫的力量而論，帝國主義者當然是首屈一指，要推它坐第一把交椅，因為它不但能用飛機大砲直接置殖民地的民眾於死地，同時還能叱吒風雲似的，頤指氣使著殖民地的軍閥官僚們鎮壓殖民地的民眾，動輒可以把他們捉將官裡去，帶上極重的腳鐐，冤沉海底，哭訴無門。像某處有抗×會的青年學生，據某君最近的調查，飽享這樣優遇的就不在少數。第二把交椅當然舍軍閥官僚們莫屬，尤其是對外不抵抗對內最善抵抗的軍閥大人們，他們最顯著的本領是隨時可以任意奉送衛生丸一枚，幹了就算了，誰能動他們的毫末？第三等座位不得不讓上仰軍閥官僚的鼻息，下吮勞苦大眾的膏血的土豪劣紳等等老爺先生們了。所以在這種殖民地裡最下層的最大多數的民眾，實際上也就做了不折不扣十足道地的三層奴隸。做到了三層奴隸，如只知道「每於無人時輒自墮淚」，那是注定了只有終身在奴隸圈裡苟延殘喘，永無重見天日的時候！因為奴隸的解放，絕不是「墮淚」的一類行為所能有絲毫希望的。

蕭伯納妙人妙語

正在周遊世界的英國文豪蕭伯納，近在孟買發出驚人言論，謂英國鑑於印度民族運動之不可抵抗，勢將放棄印度云云。孟買的英人省長聽了為之大著其慌，即倉皇警告蕭氏，叫他不必與聞印度政治。我以為蕭伯納固妙人妙語，即孟買省長亦有他的卓見！印度果能得到自由平等的一日，絕不是由於英國的放棄，因為帝國主義者絕無自動放棄殖民地的可能性，關於這一點，孟買省長不以蕭伯納所謂「放棄」為然，雖有充分的理由——這理由是否這位孟買省長有意識的知道，那是另一問題——但因「印度民族運動之不可抵抗」，印度這塊殖民地終非英國所能久據，那卻是當前的明顯的趨勢。甘地對於印度的拯救，雖在政治及經濟上都沒有什麼徹底的計畫可言，但他數十年來領導印度反抗帝國主義的民族運動，暴露帝國主義的侵略行為，對於印度民族不能不說是偉大的貢獻。只要印度民族的反抗精神一日不息，帝國主義者即一日不得安枕而臥；只要印度民族的反抗行動雲起泉湧，百折不回，印度民族的光明前途即操在他們自己的掌握，即終非任何暴力所能摧殘。

我們因論到印度民族的獨立解放運動，就連想到和我們自己有切身關係的中國民族的獨立解放運動。中國目前的政治經濟社會等等方面固然是漆黑一團，但除了自居特殊階級無惡不作的一班混蛋外，中國民族的大眾卻充滿了與帝國主義者——尤其是日帝國主義者——拚命鬥爭的意志，東北義勇軍及前敵應戰的下級士兵不畏艱苦視死如歸的精神，便是一部分強有力的表現（據最近北平派赴前敵的慰勞員所報告，前線士兵都願捨身和日帝國主義者死拚，他們不怕冰凍霜雪，不怕飛機大砲，只怕再下後退命令）。我們當前的重要問題，是如何使這種民族革命的精神組織化，實力化，如何獲得有力的中心領導，由此聯合全民族的大眾力量，作大規模的持久性的反帝鬥爭，不達到民族解放，不達到民族自由平等的目的不止。

蕭伯納的幽默

英國的當代文豪蕭伯納氏（George Bernard Shaw）最近環遊世界，聽說可於這幾天到上海，大概記者這篇短文和讀者諸友見面的時候，這位白髮皓髯精神矍鑠的蕭老先生已到了中國。

他是一個社會主義者，他的有聲有色的著作都是在抉發暴露現代資本主義社會裡的矛盾腐敗黑暗，在我國所謂「有力量的人」尚徬徨於歧途中的時候，這位老先生到中國來走走，我們當然尤其表示歡迎。他今年七十七歲了，不但思想和他的年齡成反比例，就是他的精神的「老當益壯」，也足以振作振作我國人裡面年未老而先現出一副老腔老樣的「待亡人」，這也是我們對於他可以表示歡迎的一點（蕭氏的許多戲劇的名著都是在四十歲以後作的，其中有一半是五十歲以後作的，他的尤其偉大的三種劇本「*Heartbreak House*」、「*Back to Methuselah*」、「*Saint Joan*」都是在六十歲以後作的）。除了這兩點外，他的為人，他的演講，他的著作，最令人不忘的，就是在他那縱橫的機智和辛辣的譏諷中尤富於令人失笑令人絕倒的幽默意味。但是他並非一味替《笑林廣記》增加材料，所以他有一次聽見人說：「這個有趣的角色不過說說笑話罷了」，他欣然的回答道：「不錯，我是說說笑話，不過我說笑話的方法是要說出真實來，這才是世界上最有趣的笑話。」（見 Henderson 所著「*Contemporary Immortals*」）他最近途經香港，對路透社訪員就說了一大篇「笑話」，訪員問他要不要飛遊長城，他說：「我以為沒有趣味的事情莫甚於此，長城於中國有什麼用呢？」他並用冷諷的態度盛讚日本不向中國宣戰一點最得體，因為說宣戰確未宣戰，一面仍得積極侵略！這些話在我國人聽了當然痛心，但卻都是「真實」。

講到蕭氏青年時的奮鬥生涯，卻不甚幽默。他的老子一貧如洗，蕭氏早孤，全恃寡母撫養成人，十五歲就棄學就商，廿歲到倫敦，最初三年，常在商店裡替人記記帳簿，抄抄貨單，所以他後來說笑話，說他的「較早的作品」是在帳簿和貨單裡面！但他同時卻無時不在那裡夢想要作一種小說。於是在一八七九年，他鼓著勇氣大膽的寫他的第一種小說。他作完之後，即名為《未成熟》，但是賣不出，從來沒有出版過。他不為膽怯，又在紙的反面作第二種小說，名《無理性的結》，但是他當時的著作，各出版家連看都不要看！可是他絲毫不為膽怯，又繼續作了三種小說。蕭氏自己後來說起這五種最初作品的時候，他說：「我總記得最初的五種作品是幾包很重的黃包紙，常常由出版家陸陸續續寄還我……我總記得當時要想把寄回來的稿子再寄與其他的出版家去試試看，六便士的寄費就很費一番籌措的工夫。」（可參看生活書店出版的《人物評述》二七九頁至二九三頁）這種情形，在事後追想，在我們旁人聽來，固然是頗饒「幽默」，可是在當時的蕭氏未必覺得有什麼十分的幽默吧。但他不至氣死，能一而再再而三的克服困難，卻仍靠他的幽默的精神。

丟臉的問題

英國著名政治著述家史梯德曾於本月十二日在倫敦《泰晤士報》上發表言論，說「日本政府感覺『滿洲國』承認之取消，未免過於丟臉……但國聯如承認自己沒有解決的能力，或繼續承認蔑視其權威的一個大國做行政院的一分子，豈不在世界各處丟臉嗎?」他的意思日本如不丟臉，國聯便要丟臉。現在究竟要誰丟臉，恐怕還以誰有強力壓倒誰為標準。據中央社八日日內瓦電訊，裁軍會議當日開會，以法代表彭古有演說，即將原定我國代表顏惠慶博士的演說取消，顏代表當即離場，認為該會議此舉有損中國國體，這便是中國丟了臉。(外國報無一字及此消息，大概他們認為是中國活該，無臉可丟的了!)其實日陸軍省於九日發聲明，謂日本侵熱正如「英軍之對印度西北境之蠻族，法軍彈壓阿爾勤利亞之暴徒」，他們把我國當作什麼?這個臉也就丟夠了!要不丟臉，臉上的嘴巴無能為力，只有用強力來鬥爭的。

誓死抗暴與民眾

最近代理行政院長宋子文氏偕同張學良氏親抵熱河激勵將士抗日，並在歡迎會作激昂演說，說他代表中央政府向眾聲明「絕不放棄東北，絕不放棄熱河，敵人縱占據南京，但必無人肯簽屈伏條約」。宋氏並在「致前敵將士詞」裡面說了這些話：「到現在，我們全國人都徹底的曉得，強盜臨門，唯一的生路就是武力自衛。」「我們該把自己的血來洗刷去『滿洲國』三字奇恥大辱。」「諸君的熱血要凝結作光榮我民族的燈塔，向天下永放光輝；諸君的浩氣要激動全世界弱小民族，使一齊抵抗強權，獲得自由平等。」「你們的犧牲是有全國做後盾的。你們打到天邊，全國人民亦追隨你們到天邊；你們打到海底，全國人民亦追隨你們到海底：總而言之，我們全國人現在是整個的生死同命。」

宋氏以代理行政院長的地位，公開作上面的宣言，表示「到現在」政府已下了抗日的決心，自前年九一八以來，國難已經過了十七八個月，這是當局第一次作最激昂最明顯的表示，而且由宋氏親身到前線作此第一次最激昂最明顯的表示，這種態度轉變之所由來，實值得我們的嚴重的注意。前年九一八瀋陽事變初發生時，軍事當局採取不抵抗主義，不但行所無事，而且囂囂然對眾宣布，絕不諱言。一二八之役，本定將十九路軍調防省事，後以調防未完，日軍急不及待，自討苦吃，這次「光榮我民族」的抗日戰事，實在是無意中得之（可參看翁照垣將軍所著《淞滬血戰回憶錄》所記的事實）。但內則全國輿論的嚴厲責難，關外則浴血苦戰的義勇軍之再接再厲，雖在重重壓迫下的民眾意志，仍澎湃磅礴的表現它的力量。於是無論怎樣厚顏的軍人，怯懦的官吏，沒有一人敢視不抵抗之為當然，但卻改一頂帽子戴上，採用等於不抵抗的「長期抵抗」，在此漫漫「長期」中，眼巴巴的望著國土一塊一塊的被日帝國主義者狼吞虎嚥的盡量送到肚裡去。但民眾對於前僕後繼的東北義勇軍，節衣縮食，力籌接濟；對於因循怯懦靦顏占據高位的人物，鄙薄賤視的態度，隨處可見；對於所謂「長期抵抗」的妙用，冷嘲熱譏，隨處可聞；雖在重重壓迫下的民眾意志，仍澎湃磅礴的表現它的力量。此次當局態度之倏然轉變，並不是因為

「到現在」才「徹底的曉得強盜臨門」，因為「強盜」光臨已久了；也不是因為「滿洲國」「到現在」才給我們以「奇恥大辱」，因為「滿洲國」由日帝國主義一手造成，也早有成績了；也不是因為國聯絕望，因為國聯之無能為力，不但全國民眾不必「到現在」才「徹底的曉得」，就是袞袞諸公也早在文電談話中公然表示過的了。所以此次當局態度的倏然轉變，可以證明民眾力量的偉大——雖在重重壓迫中的民眾力量仍然有這樣的偉大！日軍閥已表示斷然必須攻取熱河，熱河去而華北危，華北搖動而全國失卻屏障，試問這是中國大眾所能坐視容忍的嗎？

於此有最當注意的一點，即民眾既知他們力量的偉大，要使反抗日帝國主義的鬥爭不致再蹈苟安妥協的覆轍，必須繼續的發揮民眾的偉大力量。我們現在所大惑不解的，是當局一面表示有意抗日，一面對於民眾的抗日運動，卻壓迫摧殘，不遺餘力。姑舉最顯著的例子說說吧，據民權保障同盟總幹事楊杏佛氏赴平視察監獄的結果，說起「最近數月，在抗日會捕去之學生，有已判決入反省院者，亦有尚在看守所者……均帶有極重之腳鐐，其拘禁均根據《危害民國緊急治罪法》，未經正式法庭審判」。民眾因反抗日帝國主義而犯「危害民國」的大罪，叫他們帶著極重的腳鐐「反省」些什麼！我們承認反抗帝國主義——尤其是日帝國主義——的鬥爭，誠然「我們全國人現在是整個的生死同命」，但這「生死同命」的鬥爭，必須「全國人」共同起來掙扎奮鬥的。倘若民眾僅僅為著抗日問題而開會討論，就犯了什麼「緊急治罪法」，試問如何「一致奮起，作有力之聲援」？「全國」何從起來作「後盾」？

中國民族要求自由平等，反帝工作是絕對無可逃避的，但必須團結全民族的大眾力量，有長時間的整個的百折不回的不怕犧牲的鬥爭計畫。日帝國主義的走狗只是若干狂妄的軍閥，我們如以全民族的大眾力量對他們周旋，最後的勝利無疑的是屬於我們的。

中美海軍的相提並論

大家都知道美國是躋身世界上頭等海軍國之列，和他勢均力敵的只有英國，我們的東鄰倭弟弟還在望塵莫及之中，以我國的「煙囪竟不出煙」的海軍和他比較，似乎有點不倫不類，但近來在中美海軍兩方都有一二「佳話」，頗可相提並論。在我國此時強敵侵凌，自己國防一塌糊塗的傷心環境中，聽聽別人對於國防的貪多務得，也許不是完全沒有意義的事——雖則自衛和侵略的效用迥然各異。

美國為減少支出起見，有減削海軍經費預算二千萬圓的擬議，眾議院海軍委員會主席文生氏為此事大發牢騷，在眾議院裡發表意見，據說美國人民維持他們的海軍費用，還不及他們一年中所吃的口香糖的費用之多，他為防免海軍效能再見減削起見，將於下屆國會提案，要求年撥六千二百萬圓專充造艦經費。美國人，尤其是美國的婦女們，在工作之餘，最重要最普通的事大概有三件：一件是看電影，一件是跳舞，還有一件是吃口香糖。美國海軍經費就是減削以後，還有三萬三千餘萬圓美金，合華幣在十六萬萬圓以上，文生氏的話倘若果確，美國人吃口香糖的本領總算不錯！有人說只要美國人肯節省口香糖的錢來增強海軍，至少可增加海軍力一倍以上。這在事實上也許未見得做得到，但的確是用於國防上的美國海軍，經文生氏這樣的大聲疾呼，在美國當然有相當的維持海軍經費的效力。

回想到咱們貴國的海軍，據海軍部長陳紹寬氏最近在報上發表的談話，說「一二八後外間多罵海軍最畏敵，兵艦之煙囪竟不出煙，實因無購煤之錢」；又說「若與外國海軍較，則僅抵其一隻兵艦之用」。中國屢次內戰，倘若我們不是十分健忘的話，似乎都有海軍盡些點綴的責任。一到了和內戰有些不同性質的「一二八」，便因為「無購煤之錢」而「煙囪竟不出煙」，這真是中國海軍的命運多舛，還有何說？講到「用」處，在對外方面，就是「一隻兵艦之用」，似乎也未見過。這只可以說是「國災」，說不到什麼「國防」了。在這種情形之下，中國人如果也會吃口香糖，還是吃口香糖有味些吧！

閱報被處重刑

據臺灣電訊（二月二十三日）所傳，在日本緊急閣議決定退出國聯，侵熱軍事積極開始的時候，臺灣全島民眾不信日本包辦的報紙連篇登載之樂觀空氣，極迫切的需要祖國消息與中國報紙雜誌，但日政府早於萬寶山事件發生以來，關於中國報紙及雜誌之輸入，已下令絕對禁止。最近在臺灣中部有陳賜傳君，以販賣杏仁茶葉花生為業，素極熱心祖國時事，又喜看中國報紙，看後又讓給他人傳閱。日前不知從何處購得天津《大公報》，因所載消息與日報完全不同，看後急交朋友傳閱，不料事被日警發覺，陳君被拘，被非法拷問毒打，追究所閱報紙的來源，並動員日警進行全島總搜查。故連日來臺民更加動搖，人心均抱極端戰爭恐怖。

帝國主義者對於本國的勞苦大眾和殖民地的民眾的蹂躪壓迫，無所不至，慘酷情形，已成慣例，不過我們聽到臺灣慘苦民眾對於祖國的懷念，不免增加一種更深刻的慚愧和感喟。

我們縱觀歷史上演進的各時代的事實，不外乎壓迫者和被壓迫者的鬥爭，而最後的勝利，總是壓迫者的沒落和被壓迫者的抬頭。各時代有各時代的不同形式的壓迫者和被壓迫者，在壓迫者總是以為「子孫帝王萬世之業也」，而實際是壓迫愈甚，自掘墳墓的速率也隨著增加，等到撥雲霧而見青天的時候，黑暗方面總是消滅，光明方面總是要放射光輝！現在日暮途窮的帝國主義者對於本國的勞苦大眾和殖民地的民眾的壓迫摧殘，未嘗不洋洋得意，而中心歆羨，奮起步武他們後塵的統治者，也隨處可見。但我們卻須看清客觀環境的必然趨勢，在光明方面積極努力，對黑暗作毫無妥協餘地的鬥爭。我們追溯史蹟，環顧周圍，無暇為陳君一人哀，只有共同努力向前進，於黑暗中打出光明來！

滑稽劇中的慘痛教訓

做現代的中國人至少有一種特殊的權利，那就是睜著眼飽看以國事為兒戲的一幕過了又一幕的滑稽劇！尋常的滑稽劇令人笑，令人看了覺得發鬆，這類滑稽劇卻另有妙用，令人看了欲哭無淚，令人慘痛！最近又有奉送熱河的一幕滑稽劇剛在很熱鬧的演著。何以說是「滑稽」呢？

打算不抵抗而逃，這原也是一件雖不光明正大而總算是這麼一回事，但心裡早就準備三十六著的第一著，而嘴裡卻說得棚棚硬，別的要人們的通電演說談話等等裡的激昂慷慨其甜如蜜的好文章姑不盡提，也沒有工夫盡提，就是這次逃得最快，逃得最有聲有色的老湯，他除偕同張學良、張作相等二十七將領通電全國，說什麼「時至今日，我實忍無可忍，唯有武力自衛，捨身奮鬥，以為救國圖存之計，學良等待罪行間，久具決心……但有一兵一卒，亦必再接再厲」。(所以值得加密圈，因為講得實在不錯也！）並堂而皇之的特發告所屬將士書，有「吾儕守土有責，敵如來犯，決與一拚，進則有賞，退則有罰，望我將士為民族爭光榮，為熱軍增聲譽」等語；後來又親對美聯社記者伊金士說：「非至中國人死盡，必不容日人得熱河。」他臨逃時還接見某外記者，正談話間，老湯忽託詞更衣，一去不返！

逃就逃，說的話算狗屁，也滑稽不到那裡去，他卻逃得十分有聲有色，竟把原要用來運輸供給翁照垣將軍所率炮隊的糧食與砲彈用的汽車二百四十輛，及後援會的汽車十餘輛扣留，席捲所住行宮裡的寶物財產，帶著豔妾，由衛隊二千餘人，蜂擁出城，浩浩蕩蕩的大隊逃去！途中老百姓扶老攜幼，哭聲遍地，有要攀援上車的，都被車上兵士用皮鞭猛打下來！

軍用的運輸汽車既被扣留著大運其寶物財產，於是只得僱人力車參加征戰，聽說翁將軍在前方迭電催請速運彈藥，平方當局不得已，乃以代價僱大批人力車運往古北口，許多人力車前進雖不無浩浩蕩蕩之概，但和「速運」卻是背道而馳的了！敵人以飛機大砲來，我們以人力車往，不是愈益顯出了我國的軍事當局對於軍實有了充分的準備嗎？

以號稱十五萬國軍守熱河，日兵一百二十八名長驅直入承德，甚至不夠分配接收各官署機關，這也不得不算是一個新紀錄！

這種種滑稽現象，說來痛心，原無滑稽之可言。身居軍政部長的何應欽氏五日到津，謂「熱戰使人莫名其妙」，他都「莫名其妙」，無怪我們老百姓更「莫名其妙」了。此幕滑稽劇開演後，代理行政院長宋子文氏發表談話，謂最大原因為器械窳劣，訓練不良，準備毫無。我們也有同感，所不知者，「準備毫無」，應由誰負責罷了！

我們在這滑稽劇中所得的慘痛教訓，即愈益深刻的感到只有能代表民眾的武力才真能抗敵，把國事交給軍閥和他們的附屬品幹，無論你存何希望，終是給你一個幻滅的結果。「置之死地而後生」，現在中國在「死地」上者決輪不到軍閥和他們的附屬品，像老湯的「寶物財產」，從前已喧傳有一大批運到天津租界（當時有的報上說他此舉正是表示抗敵決心），此次還有二百餘輛汽車的「寶物財產」可運，至少又有半打豔妾（參看《生活》八卷十期杜重遠先生的〈前線通訊〉）供其左擁右抱，這在他不但是絕無自置「死地」之理，簡直是尚待享盡人間幸福的人物——至少在他是算為幸福——只配挨「皮鞭猛打」的老百姓，和這類軍閥乃至他們的附屬品，有何關係？他們的最大目的就只為他們的地盤，私利（老湯從前一面對國內宣言盡職守土，一面對日方表示抑制義軍，本也為的是自己地盤，等到地盤無法再保，便逃之夭夭），什麼國難不國難，關他們鳥事！

無論帝國主義者和軍閥的勢力，都不過在加緊的自掘墳墓，被他們「置之死地」的大眾，為客觀的條件所逼迫，必要起來和他們算帳的。大眾努力的程度，和他們解放的遲早是成正比例的，中途的挫折和困難，不但不應引起頹廢或悲觀，反應增強努力的勇氣，增加猛進的速率。

逃軍和孤軍

最可令人急死氣死的是當此國難一天緊迫一天，中國所有的軍就只有兩種，不是逃軍便是屢見不一見的孤軍！

抱「不抵抗主義」的軍都屬於「逃軍」，這自從所謂「九一八」的一幕慘劇開演以來（所謂慘劇當然是就民眾的立場說，在「逃軍」方面只是滑稽劇而已），「逃軍」的成績，可謂發揮光大到了尖銳化的程度，大家都看得眼花撩亂。除了這種逃軍之外，我們當然希望有能對敵抵抗或鬥爭的軍隊，可是不知中國為何就這樣的不幸：對內的軍就從未聽見「孤」過，一對起外來，不抵抗的有「逃軍」，肯抵抗的又往往做了「孤軍」！

馬占山、蘇炳文等都算是轟轟烈烈地抵抗了一個時候，但都因為做了「孤軍」，彈盡援絕，痛哭流涕地退卻。十九路軍及一小部分的第五軍在淞滬抗日血戰，為中華民族爭得不少榮譽和光輝，這是中華民族與帝國主義爭鬥上不能磨滅的一頁光榮史，但是也因為做了孤軍，苦戰整月，終陷於無兵調守瀏河，腹背受攻，椎胸飲泣而總退卻。最近又屢在報上看到很大的標題，那就是「絕塞孤軍作殊死戰」的孫殿英部。在此次熱河的抗日鬥爭裡面，比較的有聲有色的，截止記者執筆時，還只見有孫部，但他在赤峰作戰，據他自己通電所說，並未奉到總部命令，係因受了朱子橋將軍之託，率兵兩團，趕到赤峰應援。可見這確是「孤」得可以！他還在通電中說：「冰雪之中，凍餒之軀，與敵鋼鐵相拚，血肉橫飛，絕不稍餒，唯熱境地面遼闊，一軍之力，不能兼顧全局，至為痛心也」；又有電致京，謂該軍前線兵士枵腹苦戰，經三晝夜，單衣應戰雪地中，全軍仍奮勇抗敵，毫無餒氣，受傷兵士，無藥醫治，情更悽慘，這都是「孤軍」的寫真！最近聽說孫部因糧盡援絕，暫退多倫了。

我們老百姓屢次恭聽當局宣言對抗日軍事早已有了整個計畫，唯事關軍機，不便宣布。但在「整個計畫」中，何「逃軍」與「孤軍」之多？這卻是一個不可解的謎！

懲湯呼聲中的推究

嘴裡說了許多冠冕堂皇的硬話，雙腿具有溜之大吉的大本領，老實不客氣扣留軍用汽車以搬運私財的湯玉麟，在本月三日實行「逃」的政策之後，四日的路透社北平電訊，就有「當局（指北平）已下令緝捕湯玉麟，如果就逮，必加槍決」的消息。國府亦於八日下令，說老湯「畏葸棄職，貽誤軍機，深堪痛恨，著即先行褫職，交行政院監察院，會同軍事委員會，徹查嚴緝究辦，以肅綱紀」。七日監察院劉莪青等六監委亦曾提出彈劾張湯案。這可算是正式的懲湯呼聲，此外還有不少所謂要人也者，發表過面紅耳赤似的懲湯談話，恕不贅述。

懲湯似乎是一件不成問題的事情，不過我們不要弄錯了，以為這僅是湯個人的罪孽，其實他不過是一般軍閥們的「代表」，他所演的各幕活劇，都是一般軍閥們的「代表作」，而且誰做了他的模範，誰容許了他放手幹去，這都成了問題。倘若「換湯不換藥」，這一碗奇臭不可向邇的「湯」就是去了，只要仍是軍閥們做政治的中心，這種奇臭不可向邇的「湯」，仍要東一碗西一碗請中國的大國民嘗個痛快！

熱河之失，固然是「深堪痛恨」，但瀋陽之失，錦州之失是什麼？老湯搬運私財固是踉蹌已極，但中國的軍閥們誰不是積滿了私財？老湯的「逃」固然是太不高明，但身負軍事重責，一向安居後方逍遙的，試問有多少，不過逃的形式不同罷了。老湯用鴉片毒害熱河，大發其財，誠屬重要罪狀，但是軍閥們不干鴉片害人的生意而從中發財的有誰？誠然，「割須毀容，化裝難民」，在日暮途窮中的老湯固把滑稽劇演得淋漓盡致，但這也不過軍閥末路的暴露而已。可是如果一定要袖手旁觀地恭候軍閥們自己一個一個蹝方步的暴露出來，恐怕這個已經有名無實的「中華民國」就受不了！

賣身契約的簽字問題

當外交部長羅文榦氏僕僕風塵於平保之間的時候，我國和日本直接交涉或妥協的傳說頗轟動一時，三月十六日政府通訊機關的中央社發表一個通訊，大意謂「外部發言人稱，羅外長北上，純為與蔣商洽一種外交之新途徑，此種新途徑不但非軟化的妥協的，且為積極的強硬的，俟羅外長回京與中央會商後，即可決定」云云，羅外長回京似已多時，這種「積極的」而又是「強硬的」東西不知道「決定」了沒有，我們做老百姓的仍在悶葫蘆中。在這個「強硬的」消息揭布的前一天，羅外長在北平就表示「絕不簽字於賣身契約上」，我們不知道所謂「積極的」而又是「強硬的」，是否就指「絕不簽字於賣身契約上」而言，如果是的話，不願「賣身」的老百姓一方面似應感激涕零，一方面卻於思前慮後之中，未免越想越覺得汗毛站班起來！為什麼呢？一則因為早已簽字的「賣身契約」有盡量維持現狀的形勢；二則因為現在的「賣身」只須「實際」可矣，契約上的簽字不簽字乃是「形式」問題，在實際上反而沒有多大關係。

關於上面的「一則」，可請孫中山先生出來說幾句話，他在民十三途過日本對神戶各團體歡迎宴會的演說詞裡，說起中國所受於各帝國主義的不平等條約「就是從前中國政府把我們國民押給外國人所寫的一些賣身契，現在拿到那種賣身契的還有十幾國，就是我們還有十幾個主人，我們現在是做十幾國的奴隸，是十幾國的殖民地」。但就最近幾年的事實看，從前所口口聲聲要積極打倒的「主人」，現在反向他們——尤其是帝國主義集團的國聯——乞憐懇求之不暇，大有極欲維持現在的「奴隸」身分而不可得的形勢！

關於上面的「二則」那是更顯明的，東三省在力勸民眾「鎮靜」之下，三千萬同胞已很簡易地被人把身「賣」了，最近熱河托福於「誓與國土共存亡」的「封疆大吏」，三百五十萬同胞又已很簡易地被人把身「賣」了，這是「實際」，「賣身契約」上的簽字不簽字，在那位「主人」方面是滿不在乎的，他們這樣的「積極的強硬的」，和我們嘴上喊的似乎有點不同吧！

照八個月鏡子

最近路透社法國尼司通訊，有一段頗有趣味的消息，據說有法國科學家從事計算婦女一生對鏡的時間，據調查統計的結果，每日婦女照鏡的時間如下：

（一）十歲至十五歲，七分鐘。

（二）十五歲至二十歲，二十二分鐘。

（三）二十歲至三十歲，三十分鐘。

（四）五十歲至六十歲，十分鐘。

據此統計，每個婦人（假定活到六十歲）一生對鏡的時間，統計為三十四萬九千五百七十五分，即二百四十二日，約八個月。

這個消息傳出之後，在有的刊物上頗見有拉長面孔說出不少教訓的話，重要之點，不外乎痛罵幾句婦女自願做男子的玩物云云。平心而論，封建時代和資本主義時代的女性，往往陷入正式或非正式的「商品化」，誠然是無可為諱的事實——雖則其間不無少數出類拔萃的分子——不過這種「商品化」的事實盡多著，而在五十年的長時間內，合計只照了八個月的鏡子，如出於合理的自動的愛美觀念，卻也不必引起「大逆不道」的感想。

當然，每天照鏡子到了三十分鐘，這在目前的社會狀況，只有比較有閒的階級才有此閒情逸致，但是與其說這是照鏡子的不該，不如說這是照鏡子也含有不平等意味的不該。將來的新時代到來之後，倘能使得個個婦女都有三十分鐘的閒暇照照鏡子，便無須反對了。到那時候，利用機械的效能，公平的分配制度，物質的享用普遍的提高，文化享用也隨著普遍的提高，超出「商品化」而合於衛生的愛美觀念，盡可盡量地發展，照照鏡子只算是小事了。

只有超出「商品化」的自動的愛美觀念，才真能合於衛生，我國封建時代的婦女裝飾，如「纏腳」，如「工愁善病」；近今資本主義化的時代中，如高跟鞋，如硬高領：都是不合衛生而徒恃為誘惑品或取媚的所謂美。根本就因為不如此便不合於「商品化」的標準，所以鏡子儘管照，自己還是作不得主！

大刀嚇敵聲中的空軍幻影

據報載三月二十五日中國航空協會上海市徵求隊假座青年會作第二次關於徵求成績的報告，由總隊長吳鐵城氏主席，吳市長致詞畢，在相繼報告的各隊長裡面，有總工會代表李永祥君報告購買「滬工號」飛機募捐成績，本旬為五千圓，並提及工人對我國空軍不對外而對內的懷疑。主席吳市長即答覆：「今後我國絕不至再發生內戰，國難日深一日，倘有人甘冒不韙，其覆亡必可立待」云云，工人乃至其他的勞苦民眾，自願出其胼手胝足血汗之資，盡他們協助國防的誠意，同時卻不免於「齎寇兵而資盜糧」的顧慮，推此心理，一般民眾簡直有雖欲努力而無從的苦況，這是他們的「杞憂」呢？還是實際的已往和當前的事實造成他們的判斷？

講到已往，所謂「擴大會議」在北平舉行的時候，和他們作戰的就有飛機在天空紛紛示威，使得這班大人先生們不敢再在懷仁堂開會，只得躲在地窖裡去。此外如去年廣東兩陳之戰，也有飛機出來造成擊沉本國軍艦的偉績。去年山東和四川的內戰，也都有飛機參戰，這都是「對內」的，飛機都有它的戰鬥力，都顯過它的神通。一講到「對外」，在十九路軍淞滬抗日之戰，就只有一個美國人在空中與日本飛機抗戰而送了一條命，弄得我們追悼慰唁，鬧做一團，至於我們自己的飛機參戰，只有民眾的夢想中偶爾有之！

最近宋哲元氏所領導的二十九軍在喜峰口血戰，只聽見大刀嚇得敵人膽寒，聽說已活活的砍死了三千人，但我們的空軍就一絲影兒不見！說沒有嗎？何以在「對內」的時候就會無中生有？說有嗎？何以一遇「對外」，便只有敵人的飛機在天空橫行無忌呢？

在三月十四日，我們在《申報》上看到一個很令人興奮的南京專電，大標題是「空軍昨晨出動」，小標題是「尚有多架，今晨繼續出發」。該專電的內容如下：

「軍政部航空署空軍隊，十三晨九時，在首都大校場演習駕駛，共有飛機口口架，係由口口駛京者，九時三十五分，各機開始起飛，由大校場首先飛出者口口架，凌空過京自口口翱翔而去，繼又有口口架陸續出發，相繼旋繞向口，聞十四上午尚有多架繼續飛行。」

我們看了這個專電，以為中國「對外」居然有此破天荒的「出動」，不禁歡欣鼓舞，距躍三百，但至今僅僅「專電」而已，始終不見下文！靠以殺敵的還只是大刀隊的肉搏！上面那個專電裡用了許多口的記號，這是軍機未便泄漏，我們這樣的「阿斗」也還懂得，不過如果「翱翔而去」的是真在和敵拚命，那末報上不應滿紙只有大刀殺敵的消息，把飛機臨陣不脫逃的成績一概抹煞，於是有人疑心《申報》說謊，有人說「翱翔而去」者是志在逃難也！

但且慢灰心，到了三月二十日，我們又在有人疑它說謊的《申報》上看到一個好消息，也是由南京來的專電，標題是「空軍請纓北上」，內容如下：

「**航空界憤日機在長城各處，肆意轟炸，聞已聯呈當局，請准空軍北上，援助殺敵。**」

何以在十三晨已「翱翔而去」、「相繼旋繞」，而且在十四日「尚有多架繼續飛行」，到了二十日，還有「請纓」的必要，即此「請纓」，截止記者執筆草此文時，又已過了足足七天，也還不見下文，所聽到的仍只有「大刀隊」云云，大概還仍在努力「請纓」之中吧！凡此種種麻煩，不能怪別的，就只得怪是「對外」，因為這種種都是在「對內」時所瞻仰不到的。

但我們應該感謝吳市長的安慰，因為他不是很堅決地擔保「今後我國絕不至再發生內戰」嗎？軍閥互爭地盤的無意義的內戰，當然是我們老百姓所不贊成的，所以我們很希望吳市長的話有可靠的根據。但他所根據的唯一理由是「國難日深一日」，我們似記得去年山東韓、劉的內戰恰在「九一八」國難紀念日爆發，去年廣東和四川的內戰，也都是在「國難日深一日」的情況中，這在事實上又如何解釋呢？

盛極一時的妥協空氣

最近報上登過一篇「三老宣言」，看了末了的署名，才知道「三老」者是馬相伯，章太炎和沈信卿三位老先生。這「宣言」裡有這幾句話：「若陽示抵抗以息人言，陰作妥協以受敵餌，則吾人直無異於……默認日本之行動，是即為自甘宰割，自甘滅亡。」以七八十歲八九十歲的老先生，也急得像熱鍋上螞蟻似的噴出這樣的「跡近反動」的話，（此處的「反動」似可解作反著日本動，那末「正動」就只有順著日本動！）此外因當此「天王聖明，臣罪當誅」的時代，「阿斗」們對於此事只得腹誹私議和皇皇然焦灼憤懣的情緒之彌滿，更可想見了。

在民眾受著「指導」高呼「航空救國」，忙得汗流浹背的當兒，「口外全線平靜無事」，而「日方空氣對華暫（這個「暫」字很可注意）棄武力政策」的新聞大標題亦赫然現在我們的眼前。這是當然的，因為在我們方面在事實上至多是「就地抵抗」，「地」已失了，既無可「就」，「抵抗」當然是「皮之不存，毛將焉附」了！在日本方面，既一步一步很順利地把「就地抵抗」中的「地」拿去，「暫」為休息一下再來，當然也是無上妙計。最近來中國「將往訪老友王儒堂」的芳澤，也說「滿洲問題已告一段落，中日應速和解」，這話也有他的見地，因為他們打定了主意要把中國幹掉，每「告一段落」即可「應速和解」一次，這樣「一段落」、「一段落」地幹下去，「和解」到最後「段落」，便無「和解」之必要了！昨天有位朋友新從北平來，據說日人正在熱河積極建造鐵路和汽車路，把重要各地點的交通聯絡靈活之後，可迅速地調動軍隊作戰，到了那個時候，恐怕「中日應速和解」的機會更多了！我們大可等著！

駐華日使有吉明最近回日，曾擬定此後對華外交的意見書，他主張對華暫抱冷靜，理由是：「我（指日本）對華軍事行動，正宜因熱河已得，而暫（這個「暫」字也很可注意）告一段落，只守而不攻，而藉以緩和中國各省軍事領袖對我之態度，則內部之爭鬥，亦必又見勃發，其時我再乘機而進，則目下一切不能解決的問題，亦必迎刃而解。」他又主張「運用政治手腕」，理由是：「現中國當局亦頗多主張以和平態度來解決中日爭端者，第以我國（指日本，下同）之軍事行動未能中止，且又鑑於國人之不諒，以致終不敢貿然向我提出此項主張，如我國政府，將武力外交一變而為政治外交者，則前途勝利，當可操左券。」有吉的話好像說得十分有把握似的，他雖號稱是個「中國通」，我們當然不希望他猜得準，但要證明他猜得不準，還須看未來的事實。

廖案的印象

最近廖承志被認為有共黨嫌疑被捕，因他是已故黨國要人廖仲凱的兒子，又因為他的母親何香凝女士憂子舊疾復發，得以保釋，而與廖同案被捕的羅敦賢、余文化二人卻被解京。

廖君在法庭上表示「不願以其先父及母之光榮，而希冀對彼個人優待」，何女士於廖君保釋後在談話中表示「深望軍政當局……以拯救廖先生後裔之精神，拯救全國之政治犯，俾能共赴國難」云云。他們母子的態度，都還算不錯，但在事實上廖君所得待遇異於同案被捕的人，很顯明地是由於他有了「特殊的」父親和母親。在此事發生之後，中央要人就有「擔保絕對安全」的表示。有人說倘若「民權保障」的「民」都有「特殊的」父母，民權保障運動便可無須了。公安局法律顧問律師老實的說「因廖君是先烈廖仲凱先生之子，在理論上似不致有反動行為」。人民如要獲得法律的保障，或避免「反動」的頭銜，最好設法投胎於「烈士」的家裡，俾得受理論上的證明！廖的律師也很坦白，他說：「蔣委員長汪行政院長於院長宋副院長政府諸當局皆有電來營救，似廖公子移提至內地，較為有利。」這又不得不替無要人們「營救」的無辜被捕的平民揑一把汗！

我們對於何女士的念子情殷，故表同情，對於廖君之得保釋，亦為欣幸，不過就事論事，免不掉上面所述的印象。

張學良如此這般的背後

張學良自「未逾旬日，蹙地千里」（張於熱河奉送後引咎辭職電中語，其實何止千里？）之後，逍遙滬上作寓公，有一位「國民一分子老西」在《大公報》上登過一段啟事，裡面說起：「聽說你在瑞士花了好幾百萬圓建築了一所很美麗堂皇的別墅，預備你出國居住和修養，如此話當真，你就太無心肝了！我們的東北四省……是你不抵抗主義所賜給的奇恥大辱……報載貴夫人由北平去上海時，私產財物，掛了十三節火車搬運，可想而知道這財產之多了。現在東北四省人民的財產，一定比你的多得多，那末有誰給他往上海運呢？再聽說，你等護照發下，即行出國。不過我想電影上印著不抵抗將軍的銜出國，未必有何光彩……」關於張氏的種種，我們也有所聞：有人說他的這所「很美麗堂皇的別墅」是在九一八之後趕著造好的，有人說他離華北時共刮了三千萬帶著跑，有人說最近匯了二百萬圓金洋（等於華幣千萬圓了）到美國紐約銀行去。我們既沒有工夫到瑞士去實地調查，又沒有能力去查他的帳，沒有實據可援，聽了也就算了，未便就拿來作評論的根據。但據今昨兩日（九日及十日）報上公開的消息，有兩段關於這位張「平民」的美事（張初到滬時發表書面談話，謂希望「均以平民相看待」）。一段是海軍部公布他盜賣天津公產的真相，內容如下：

「張在平臨行時，擅將海軍部天津醫院醫校全部地皮房屋，越權私售與該醫院醫校所在地之法租界當局，經本部覺察後，曾數電張氏阻止，均未得其回覆，而法租界當局竟於前月底根據張氏所簽之約，率領法籍兵警，恃強將該院校之全部房屋，硬行占領……」

還有一段是張繼氏自平電吳市長請速向張學良檢查扣留頤和園字畫，內容如下：

「閱報張學良將乘船出國，頤和園銅器雖已南運，該園古字畫多在張學良手，宜從速檢查扣留，庶國寶不致流亡海外，幸甚。」

前一段消息是出賣國土，後一段消息是出賣國寶。記者提筆草此文時（十日），報載張「平民」將於十日登輪出國，這篇文字在週刊上登出時，這位「平民」大概已在海外逍遙了。但這不重要，因為我們並不重在攻擊張氏個人，對於張氏個人的攻擊是沒有多大效用的，我們所要特別注意的是容許張氏如此這般的整個的政治結構。這種政治結構倘若不經徹底的改造，就是殺了一個張學良，還有無數變相的張學良！張學良之所以能一直逍遙到現在，由國內逍遙到國外去，這顯然不是張學良一人有這麼大的力量，無疑的是靠有整個的政治結構做他的靠山，這結構如不改造，痛罵張學良個人是白罵的，他還是可以安然享福，逍遙自在！

「老西」先生替張學良擔憂，以為他「出國」在「電影上」，「要印著不抵抗將軍的銜」，「未必有何光彩」，其實這是「老西」先生的過慮。我們在四月九日的《民報》上明明看見一則南京專電：「張學良出國護照，已由外部辦妥，計歐洲九國，係以國府委員資格，隨行填二十餘人……」「老西」先生立於老百姓的地位，也許認為「不抵抗將軍」幸而得保全著腦袋「出國」，「電影上」的「銜」就應該老老實實的，卻不知道就政治的眼光——中國的現在政治的眼光——看來，這是不對的，所以儘管不抵抗，儘管送了國土又賣國土，賣了國土又準備賣國寶，而他還得揹著一塊「國府委員資格」的牌子大模大樣的逍遙到外國去！（至於是否「有何光彩」？那卻是另一問題！聽說旅英僑胞已有電來擋駕，說「請為祖國稍留體面」。）而且某要人還答應他「三五月後當有借重處」，可見他暫時雖很委屈地由國內逍遙到國外去，不久也許就要很有光彩地由國外逍遙到國內來！所以如把個人看張學良，如把個人的行為看張學良的如此這般，無異隔靴搔癢，無一是處，因為在實際上這是現在中國整個政治結構中的一個象徵。監察院諸公因為見不及此，在彈劾張學良提案中說出什麼「立將張學良明正典刑」的冠冕堂皇的話，結果何嘗能動他毫末？不過說說罷了。

我軍安然退出

記者提筆草此文的時候，正是中外各報用大字標題紛傳我國「放棄秦皇島」的消息，有一個標題是「敵陸戰隊在秦皇島登陸，我軍安全退出！」據十六日北平電訊，謂「今晨六時，敵五十餘名，由山海關開到秦皇島，即占車站，並無衝突」，才明白所以能「安全退出」的原因。至於我國報上對於這樣「安全退出」的偉舉敬加讚嘆的辭藻，則有「從容禦侮」，以及「早有準備，故行軍從容，未受若何損害」云云。和此次偉舉有連帶關係，看了令人怪難過的新聞是「居民慘遭姦殺，財物被掠一空」，因為他們不知道「退出」，更不知道「安全退出」，可見注定了要受災殃的終是老百姓才有資格！

這似乎也不足怪，倘若你看過本月十二日各報都載著軍事委員長蔣介石氏在南昌對各將領的演詞，明白暢快地說：「在匪未剿清之先，絕對不能言抗日，違者即予最嚴厲處罰！」

但在民眾方面聽了充滿同情和悲憤的卻另有消息，那便是曾在喜峰口以大刀隊殺敵轟動中外的宋軍，仍浴血苦戰，陷敵環攻中。又據十六日北平電訊，死守灤陽身中三彈的宋軍營長杜國邦君，那天在平救治無效逝世，「身後蕭條，家屬哭極哀，該營現僅存十九人，余悉殉國，據宋軍方面言，近五日該軍在灤陽城一帶，與敵死拚，平均每日傷亡七百餘，連前傷亡共達九千，恤金闕如，無以對死者，全軍將領，提及輒流涕」。記者以為「無以對死者」，尤在一面有「與敵死拚」的慘劇，一面又有「安全退出」的偉舉，身負主持國事責任的當局究竟打著什麼主意？究竟是否有辦法？依行政院長汪精衛氏最近到滬的談話，則謂「言戰則有喪師失地之虞，言和則有喪權辱國之虞，言不和不戰，兩俱可虞，所以現時置身南京政府中人……無異投身火坑一樣」，左也「虞」，右也「虞」，這也「虞」，那也「虞」，在這樣無責任無辦法的狀態中，袞袞諸公確是「湧身跳入火坑」了，人民是否應該竭誠奉陪呢？

娼與非娼的問題

最近因首都「娼禁」發生問題，在言論界似乎稍稍引起「娼與非娼」問題的波動。據南京電訊所述，首都黨政軍警機關集議禁娼，將劃烏衣巷等地為歌女住宅區，不住區內者以私娼論。《時事新報》記者對此事頗有幾句妙論，謂「歌女雖無端被剝奪居住之自由，然五十步百步之差便為非娼，亦不可謂非厚幸。獨區內不少不歌舞女，自此將同在顏色玻鏡籠罩之下，豈不甚冤？而區外將被誤解為私娼區……豈不更冤？誤解之下，不入於朱，便入於墨……黨政軍警人員乃至諸色人等為其室家卜居，不將大費躊躇歟？」又謂「從寬解釋，人類之不為男盜女娼者幾希？」在「舊秩序」下的「人類」，確然是「不為男盜女娼者幾希？」

現在姑捨「男盜」而論「女娼」，簡單說來，為著生計而賣身者都是娼，自願為娼的女子有如鳳毛麟角，為娼十八九是出於強迫的，也就是非出於自願的，但在表面上卻不得不服服貼貼地表示願意，不得不盡力獻殷勤。我們如肯用分析的眼光仔細觀察社會上一般婦女的生活，便知道她們被壓迫在「舊秩序」之下，經濟不能完全自立，意志不能完全自由，而為著不得不求生，雖無女娼之名（如有人以此相喻，必然地要飽吃幾個道地的耳光），但依她們實際的生活，和她們的不得已的「苦衷」，在實質上她們不得不遷就或屈伏於她們所不得不倚靠而心裡卻實在不願意的男子。明明不願意而卻不得不，可見這不能歸咎於任何婦女的個人，只得歸咎於她們所不幸投身的社會制度。若不從這種根本處努力，而只空嚷著婦女解放，那便等於盡吹肥皂泡！

再回過來談到首都的「娼禁」問題，聽說這幾年來私娼充斥，倒反比以前公娼來得盛行，首都各業同業公會因此呈請開禁，亦有「公娼禁止，私娼遂增」之語，其實娼固非「禁」所能「止」，私娼亦非公娼之「禁」而「遂增」，為什麼呢？回想到上段所研究的意思，便可以瞭然了。

廢話

「最愛說廢話的，要數一般要人……天天充滿報紙的，大都是他們的廢話——談話，演講，通電，宣言，等等——他們的目的，無非為出風頭，表白自己，敷衍人民，攻訐仇敵，或其他私圖。所說出的話儘管表面滿漂亮——多數是笨的——然而全非由衷之言，令人一見而知其是空虛的，所以不但不能動人，反而使人肉麻。」這是董時進先生最近在《獨立評論》上〈中國的廢話階級〉一文裡說的幾句話。辦日報的朋友們最苦痛的大概莫過於天天要把這類「全非由衷」、「使人肉麻」的廢話，恭而敬之的記著登載出來，替他們做欺騙民眾的工具。

「對日抵抗決心，始終一貫」，「抗日大計已早經決定」，這已成為要人們的口頭禪了，這一類好像嘔出心血說的話，在充滿了苦衷的要人們總常怪「阿斗」們不知體諒，殊不知這個癥結所在實際不是「阿斗」們的過於愚蠢，卻在今天放棄一地，明天又放棄一地的事實擺在面前，勝敗原是兵家常事，本不能即作為是非的標準，也不能作為決心是否始終一貫和大計是否早經決定的測量器，不過在「準備反攻」和「防務鞏固」等等話頭鬧得震天價響的當兒，事實上的表現卻是「新陣地」源源而來（所謂「新陣地」者，即每放棄一地之後，退到後面一地的好名稱），非「安全退出」，便是打什麼「退兵戰」！（這些都是最近報上戰訊專電中新出現的新戰術名詞。）所謂「決心」，所謂「大計」，非廢話又是什麼呢？話的廢不廢，最好的證明是拿事實來做證據。我們只須把報上所遇見的要人們的話和事實比較一下，便知道廢話之多得可觀！

說廢話的人也許沾沾自喜，以為得計，其實廢話和空頭支票是難兄難弟；空頭支票所能發生的結果是信用破產，廢話所能發生的結果也並不能達到說話人所希望的目的——欺騙得過——唯一的結果也只是信用破產。俗語所謂「心勞日拙」，實可用以奉贈最愛說廢話的要人先生們。

麻木

華北敵軍橫行無忌，如入無人之境，近來頗聽見有人嘆息於民氣之消沉，其實民氣與其說是自動的消沉，不如說是被動的消沉。

據日人芳澤由南而北的觀察，說北方抗日空氣不如南方之濃厚。某要人最近北上視察南返，對於北方學生一掃從前浮囂的習氣及民眾之能鎮靜，有不禁一讚三嘆之概。就表面上看，「浮囂」似乎是壞名詞，「鎮靜」似乎是好名詞，但各人因地位不同，所了解的意義亦難免各異。其實鎮靜和麻木似同而實異。有切實的具體計畫——至少知道有這樣的計畫及其內容——成竹在胸，有條不紊，很安定地不慌不亂地依著這具體計畫各竭所能幹去，這才是鎮靜。倘只不過糊里糊塗地馴伏如綿羊，或被壓迫得噤若寒蟬，不敢動一下，那只是麻木，不是鎮靜。據曾參加華北軍事的馮庸氏最近來滬與《大晚報》記者的談話（見四月二十四日該報），則謂「華北三十萬大軍，未始不能抵抗」，「中央和戰不決，令人莫知所從」，倘若馮氏所說的話不錯，以身與軍事的人尚且「莫知所從」，學生和民眾更不消說了，那末他們的「鎮靜」從何而來，似乎是個疑問吧！

不久以前有個北方來的朋友談起華北情形，據說山海關未失以前，我國在該處站崗的兵士和日本也在該處站崗的守備兵相近，常被日兵無故打耳光開玩笑，我方兵士因奉上官命令，不准還手，以免事態擴大，只得立正著飽吃耳光，打得面紅耳熱，無可如何！但外表上似乎「鎮靜」已極，一點兒沒有「浮囂」習氣，而心裡實在難過到極點，後來安德馨營長所率的一營雖未奉抵抗命令，亦憤不欲生，全營殉難，不復返顧，也就是因為平日所受侮辱的積憤所致。像這樣雖無故吃耳光而仍須立正不敢動手，這只是麻木，不能稱為鎮靜——不過在不准還手以免事態擴大的長官們看來，也許是道地十足的鎮靜，求之不可得的鎮靜！但是這樣的鎮靜——麻木——卻是一道民族的催命符！不願偕亡的恐怕不止安營長的部下吧！

苦命是注定了的嗎？

上月中旬行政院長汪精衛氏到滬，曾經發表過一篇「關於中日問題之負責談話」，有「國難如此嚴重，言戰則有喪師失地之虞，言和則有喪權辱國之虞，言不和不戰，兩俱可虞」等語，並說他自己「湧身跳入火坑」，且要「竭誠招邀同志們一齊跳入火坑」。他這種立在歧途上無所不「虞」的理論發表後，頗受言論界的詰責，大概因為這個緣故，他最近又發表了一篇「極詳細之解釋」，說得好像一把鼻涕一把眼淚哭訴著的樣子，斷定「中國是苦命的中國，中國人是苦命的中國人，苦命是注定了的，我們安排吃苦，不要隨便叫苦」。

十年來的中國，差不多天天鬧著革命，在革命的過程中，往往難免苦命的事實要暫時忍受著，以待光明之到來，這是歷史上告訴我們的事實。不過他國鬧革命，在若干年後，總有若干減少苦命的事實表示出來，給一般民眾看看，獨我國的革命——照直到現在為止的事實看來——不但和苦命結了不解緣，而且愈革命愈苦命起來，革命好像是為著增加苦命而來的！我們常茫然不知道這種現象的責任應由誰來負？應由未得參與政治的大多數苦命的勞苦民眾來負嗎？他們既未參與政治，政治上如何定策，如何執行，他們都好像蒙在鼓裡，何從負起？應由主持政治的當道負嗎？他們卻常常嚷著「國民應與政府共同負責」！現在我們才恍然明白了，原來中國的「苦命是注定了的」，那就誰都沒有責任可言了！國事弄得糟到如此，原來並不是由於任何主持政治者「弄得」不好，全是由於中國的「苦命是注定了的」！

在真是為大眾的福利努力而吃苦，苦中實有至樂，受者絕不怨命，也絕不叫苦。美國的艾迪博士在所著的《蘇俄的真相》一書裡說起「他們從生到死所受整個的訓練，不是要為個人的財物而競爭，卻要打算社會全體的幸福：社會的公產已經代替了個人的私蓄。我們最感動的一件事，就是在我們和那些在美國享過繁華生活與得過很高工資的人談話時，沒有一個人說歡喜再回到美國去過生活。」可見苦不見得一定沒有人願吃，所要問的是為什麼吃苦？吃了苦又怎樣？這些問題弄清楚了之後，就是要老百姓「安排吃苦，不要隨便叫苦」，都可不成問題。否則像東三省和熱河的民眾，苦是吃夠了，命也苦得夠了，結果是盡其脂膏奉養不抵抗的將軍安然出洋考察。苦命的民眾得不到絲毫的保障，窮奢極欲誤國害民的人物卻得到了十全的保障。熱河的民眾，苦也是吃夠了，命也苦得夠了，但最近監察院還在急叫著，彈劾湯玉麟，說「玉麟禍熱七載，人民所受痛苦，萬言難盡……近並聞有起用之說」，請問老百姓要再怎樣「安排吃苦」呢？「吃苦」的代價又是什麼呢？無辜的老百姓就活該「吃苦」，而且要吃得「不要隨便叫苦」，吸盡脂膏的軍閥官僚們就「注定了」享福的嗎？現在華北的民眾是否不致和東三省及熱河的民眾「注定了」一樣的苦命，乃至全國的民眾是否不致和華北的民眾「注定了」一樣的苦命，這就很難說了。所以做今日的中國民眾，並不怕吃苦，所怕的是沒有吃苦的路——這當然是指生路，不是死路。

不過汪院長的可憐，我們卻也心照不宣的，他說「以小敗為大勝，以大敗為小勝，以失守為策略的放棄，以退卻為變更陣地，這種戰事新聞，不但為敵人所笑，而且助長了國民的虛憍的愛國心」，要知道「這種戰事新聞」絕不是稱無冕帝王而實際可以隨意槍斃的新聞記者所願意捏造的，在實際上還不是有槍階級自己玩的把戲！在嚴重檢查和包辦新聞的局面之下，不但「苦命是注定了的」新聞記者無可如何，就是「湧身跳入火坑」的行政院長，亦只有在嘴上說說「老話」，實際上還不是被軍閥玩弄於股掌之上而無可如何嗎？

在這種形勢之下，我們誠然承認汪院長所謂「中國是苦命的中國，中國人是苦命的中國人」，不過說「苦命是注定了的」，又無條件的要「我們安排吃苦，不要隨便叫苦」，我們似乎不得不轉轉念頭想一想了。

大員與鼠偷

監委高友唐氏以張學良竊取北平頤和園古畫，即使原璧歸還，實已構成刑法上侵占罪，特向監院提出彈劾，已由該院呈國府交付懲戒，彈劾原文略謂：「前冀綏靖主任張學良憑藉職權，於去年十一月六日竟向該園管理員陳繼清提取精品字畫多種……迨熱河失守，張學良逃避上海，經中委張繼嚴電追索前項古畫，報紙宣傳，陳繼清亦呈報平市府備案，張學良無可抵賴，始承認字畫存於天津租界……有人追查，則諉之寄存天津，無人過問，則懷之出售外洋，即使以後能原璧歸趙，張學良實已構成刑法上侵占罪。該犯歷年在華北盤據，上侵國帑，下剝民財，積資已數千萬，尚貪心不足，又覬覦頤和園字畫……明知該犯已逍遙海外，政府必不加以譴責，但以特任大員，行同鼠偷，不能不將其罪惡揭出，以明是非，與眾共棄。」

監察院諸公的彈劾文章，痛快的固然有過好幾次，對於劉煜生被違法槍決一案，尤有過激昂的表示，謂犯法者即辭職亦須歸案訊辦，說得好像要令人聞之毛髮悚然，現在不但無須法院勞神，辭職亦可不必多此一舉，而冤死者無妨永遠冤沉大海，便是監院工作效果的一大證明，所以我們看見監院對張學良的這次彈劾，除了拜讀大作外，原不甚注意，況且高監委也自己不客氣地明說「政府必不加以譴責」，可見有了先見之明。

不過他把「大員」和「鼠偷」綴在一起，就文字的欣賞方面說，似乎頗有深長的意味。記者雖不是什麼文藝批評家，拜讀之後，覺得至少可有這兩點的推闡：（一）據說這隻「鼠」，「歷年在華北盤據」，所幹的又是「上侵國帑，下剝民財」，而「鼠」的「罪惡」至今才有人「揭出」，可見大權在握的，實際上只有豺狼還值得一做，「提取精品字畫」的「鼠」已是倒楣的了。（二）「大員」雖不幸做了「鼠」，但到處仍得威風凜凜，受著歡迎和歡送，並不失其為「大」（高監委說這隻「鼠」，「逃避上海」，其實不確，因為他是明明乘著飛機堂堂皇皇到上海準備用國府委員的資格出洋考察的，現在正在義大利研究法西斯主義），可見這只「鼠」實在「吾道不孤」，又可見中國的「鼠」並不少，而「大員」的材料絕不至有缺乏之虞！

擇吉安置遺教

本月八日中央社南京電訊有這麼一段：

「戴傳賢邀粵中大在京之師生七十餘人，合抄總理遺教，盛以銅盒，外鑲石匣，於陵墓左近築塔寶藏，以垂永久，七日晨八時，行奠基禮，林森、戴傳賢及粵中大師生均往參加，及石匣由塔頂以繩下繫時，中途繩斷匣碎，唯銅盒尚存，戴決再製石匣擇吉安置。」

我們從報上知道戴院長家裡有「誦經堂」，又常跑到寶華山的和尚寺裡去念經，參加做道場，他對於念經的興味，大概比處理考試院工作的興味更濃厚，尤妙的是一到國難緊急的時候，他的辦法是趕緊加工念經，以消除國難；一聞有內戰風雲將起時，他的辦法也是趕緊加工念經，祈禱和平！這些事實，報上都曾有過專電報告，大概因為他的念經和國家的存亡安危有了太密切的關係。

他現在築塔寶藏中山先生的遺教，顯然是用尊崇佛經的同類方法，尤其難得的是領導了「粵中大之師生七十餘人合抄」，想來必用正楷的，在此國難日深時間特別可貴的當兒，用在這樣急不容緩的重要工作上面，當然不能算是耗費，所可惜的是不知道「師生七十餘人」能否都寫得出像戴院長那樣好的一手蘇字罷了。

中山先生臨死時還不忘於「奮鬥救中國」，他在天之靈而有知，看見有人「奮鬥」著「抄」他的遺教，「奮鬥」著「築塔寶藏」起來，又「奮鬥」著「擇吉安置」起來，而中國的文化古物卻須大遊歷著，即遊到帕米爾高原的老家去還怕不能終無危險，應能含笑九泉吧！

有人提倡念經可救國難，可免內亂，將來也許有人要把中山先生的遺教當經念著，或更用來大做其道場，那中國就更有希望了！

爭辯的焦點

關心我國軍隊抗敵實況而又非置身前線無從獲得直接消息的人們，大概都特別注意於看報，但在看報裡面就往往感到煩悶，因為常要從報上的言外作演繹的工夫，很難獲得正面的明確的真相。例如報上從未見過某地陷落的消息，忽然發現某地「克復」的新聞，這才告訴你先前祕而不宣的怎麼一回事；例如公然說某某擁護中央，實際此公卻正在有些不大妙；又例如「扼守新陣地」是等於放棄原守的區域，「安然退出」是等於不戰而逃等等。此外還時時聽到所謂「要人」們的闢謠，在表面上看來，闢謠本是要辟去謠言，但往往在「要人」們闢謠的談話內容裡，也可以間接演繹出「言出有因」的相反的事實來。

不久以前，敵軍退出灤東，報上便紛紛載著這裡某某「克復」了某地，那裡又有某某「克復」了某地的消息，好像一天到晚鬧著的無非凱旋！最近敵軍又大不客氣的捲土重來，我軍又由「凱旋」而節節「安全退出」，以便「扼守新陣地」（雖聽說有極少數的「孤軍」拚死過），尤其可以注意的，是西報上載日華當局兩方所傳出的消息，有個很大的爭辯的焦點，那就是日方宣言華軍是經他們由灤東趕走出來的，而華方卻力辯是自己退走出來的；好像雖然同一「走」也，「退」著「走」比「趕」著「走」便光榮了不知多少！

依我們看來，趕走還含有與敵抵抗的意味，退走便和不抗而逃的情形差不多，護衛國土的軍隊如以不抵抗而安然退出為金科玉律，那當然要以越逃得快使敵人趕無可趕為無上尊榮，否則這種爭辯的焦點，徒然暴露現在甚囂塵上的抵抗聲中的真相而已。

最近有讀者某君自前線寄給記者一封信，報告「經過了蹂躪而實在並沒有作戰的一帶區域的情形」，很沉痛地說：「對於日本的侵略，不抵抗與抵抗似乎已經是過去了的問題了。不抵抗的逍遙去了，抵抗的還沒有長成，於是有如此的局面——不死不活莫名其妙的局面。」其實軍閥原只能在國內「侵占防地」，要靠他們抗禦外敵本是一件「莫名其妙的事情」；國難真要救的話，非另尋出路不可。

高友唐拒絕行賄

據京訊，鄭毓秀等舞弊案，經提起公訴，江寧法院已定六月二日開庭，高友唐氏談：「當在滬調查時，鄭竟託第三者示意，願賄六萬圓，求了案，余拒之，拒對方誤會嫌少，來函願再加四萬，余除將原函呈於院長外，並復長函，謂須知中國官吏亦有不愛錢者。」

在政界貪汙已成公開祕密的現狀中，高氏此舉當然要引起一般人的驚愕和敬意，但我們要明白高氏的這種行為是現社會中的變態，是合理的社會中的常態。如要把這種變態成為常態，絕不是僅僅一二人的潔身自好所能奏效，必須注意於制度的本身問題之根本的解決。

高氏謂「對方誤會嫌少」，可見政以賄成，成了普通心理學的一章，問題在論多嫌少，拒賄已屬不可思議的一件事，也即是所謂變態。高氏又謂「須知中國官吏亦有不愛錢者」，揣其語意，「中國官吏」之「愛錢者」蓋已滿山滿谷，滔滔者天下皆是也，也即是所謂常態了。

在這樣滔滔皆是的常態中，即有一二變態的監委，亦無補於現制度下的監察制度的破產。據監委劉莪青質詢關於各級公務員違法失職被彈劾案，謂懲戒案與彈劾案為十與百之差，又謂「……至於被劾之人，或以他故而蹉跌，或更夤緣而超遷，等浮沉於洪喬，易姓名如張祿，又或飾濫殺為剿匪有功，詡暴斂為籌款得力，舞文既兼以弄法，夢屍且因以得官，凡此情形，實屬查無可查，辯無可辯，而本院提劾之案，乃因之輾轉遷延，效力完全消失」。這樣看來，貪汙固成為常態，監察制度的「效力完全消失」，也成為常態了！怪不得被劾的湯大師又榮任了軍長，被劾的張少帥得在國外堂皇靡麗的別墅中研究法西斯主義，都是國家棟梁，所謂「報國之日正長」，這一切都是現狀中的常態，不足為怪的。而使一般人覺得可怪的，反是高友唐為什麼那樣傻瓜似的明明看見十萬圓送上來，竟不知道收下來享用享用！

由抵抗而失敗了嗎？

對日帝國主義侵略的抵抗，從政府當局口上的屢次宣言聽來，未嘗不光明正大，尤其響亮的是「長期抵抗」，「一面抵抗，一面交涉」等等的妙語。現在經過了僅僅二十個月的短時間，奉送了半個中國，日本正在事實上已穩占了東三省，熱河及察哈爾，並要求黃河以北為非戰區，劃平津為政治區域，「雙方在自然趨勢之下，造成休戰狀態」，中國不是由抵抗而失敗了嗎？

不！自九一八以來，除少數並未奉命而人自為戰的孤軍外，中國在事實上並未抵抗，失敗則有之，說是中國由抵抗而失敗，實厚冤了中華民族！我們不願說空話，盡有公開的事實做鐵證。自九一八國難發生以後，抗戰最激烈的要算馬占山部下和十九路軍，但馬占山在決定抗戰的前一日，還得到張學良的不抵抗的命令，十九路軍在戰機岌岌的前一日，還得到調防的命令，這都是報上公開過的事實。（關於十九路軍的事，翁照垣所著《淞滬血戰回憶錄》有詳實的記載。）山海關之役，安德馨營長所率的全營殉難，是在不准開槍還擊的命令下自動血戰的，孫殿英軍在赤峰的激戰，是由朱子橋氏於戰事臨危時用個人名義跪著哀求他去的！這也都是報上公開過的事實。

最近我國當局即在口頭上也很坦白的有所表示。黃郛氏最近以駐平政務整理委員會委員長名義到平，聲明「總不違中央意旨」，一方面宣言「不妥協或求和」，一方面宣言「謀一雙方所共諒解之和平辦法」，措辭奧妙，固令人陷入五里霧中，但有句很顯明而直截了當的話，那就是「和外剿共，始為救時救黨上策」，此處所謂「和外」是什麼意思，在這種狀況下的「和外」是什麼政策，這比「不妥協或求和」而又能「諒解」的話，明確得多了！

在事實上有更顯明的「和外」表示，據《大陸報》本月十九日北平電訊，各公共團體及報館均奉到命令，以後對日不准用「敵」字，對「滿洲國」不准用「逆」字，這大概也是「和外」的苦衷吧！

據《大美晚報》本月二十日所載西南政委會致電國聯及駐華九國公約簽約國政

府代表及蘇聯駐華大使，謂「西南政委會現悉左右日本政策之日本參謀本部代表已與南京軍事委員會代表從事交涉解決滿洲及熱河之爭端……其條件為（甲）日本政府深知不能要求中國國民政府承認『滿洲國』，但希望中國政府能在交涉開始時即阻止能擾亂『事實上的滿洲國』的安寧之一切活動；（乙）中國政府應完全擔保不以抵制日貨為國家政策之方法；（丙）如上列各條能予同意，則日本政府自動取消一切不平等條約……以維亞洲門羅主義之共同目的。還有一個也在交涉中的第四條件為日本政府承認給予中國政府以經濟，財政，軍事上及各種援助，以剿滅中國之赤匪……」西南政委會為政府的附屬機關，其委員為政府的附屬官吏，不應造謠，如所言果確，好像一樁買賣正在討價放價之中，「賣」是不成問題的了！日軍的不斷威脅，大概是要揭更便宜的便宜貨吧！在京的中央執行委員會為此事特電粵忠告，責為「輕信謠言」，而自辯理由則為「連日華北戰事危急，各軍將士奮勇抵禦」。但我們阿斗們只問事實，依各報所公開的事實，只見「連日我軍撤退」，「奉令向後轉移」，甚至在戰事電訊裡還說「我軍行軍神速，故無損失」，表示逃得快而不勝欣幸之意！（以上引語均見各報公開的電訊。）行政院長汪精衛氏不久以前在滬發表談話，說「我們只要問抵抗的盡力與不盡力」，這一句話似乎就不很易回答的了！（寫至此，見晚報赫然載著黃郛、何應欽已聯電武藤請求停戰！）

中華民族的出路須在堅決反帝的行動中求得——是行動，不是靠標語，也不是靠冠冕堂皇的談話或通電。現在的政府在事實上能否領導廣大民眾在這方面作積極的鬥爭，自有事實證明，但民族的反帝運動是終要起來的，現在的失敗並非由抵抗而失敗，我們用不著失望。

幽默文字

記者這篇文章，本想取題〈發散煙幕〉，但在提著筆剛要寫的時候，展閱一位熱心讀者的來信，裡面有這幾句：「……近來看到報紙上關於國內的消息，就不肯認真，只將它們當作幽默文字讀，但是，忍耐是有限制的……」我覺得他的這幾句話實在太沉痛了，便改題為〈幽默文字〉，因為這篇拙作裡所要分析研究的也正是「報紙上關於國內的消息」。

在五月二十五日，所謂「停戰談判」正在開始的時候，路透社北平電訊說：「昨日各前線均已停戰，唯華字報仍載有戰情及死傷人數。」「停戰」不好聽，「有戰情」而又有「死傷人數」，便體面十足了！同時行政院長汪精衛氏仍十分堅決地表示：「華北事件日趨嚴重，平津之危亡在於旦夕，但我前線各軍仍繼續用堅決奮鬥之精神，與敵作戰……我國無論如何，只有抵抗一途，有一分力量，抵抗一分，絕不作城下之盟。」我們國民聽了，大概都不禁激昂興奮，油然發生像諸將領通電請纓文中所謂「誓作後盾」的感想。有人說現在華北的局面在事實上已成「盟下之城」了，所以堅決地不承認是「城下之盟」，似乎也未嘗沒有相當的理由！「城下之盟」怪難聽，為國家的體面計，當然應在否認之列。

「一面抵抗，一面交涉」，這所謂「兩面政策」，原可作棄此取彼，不必同時兼有的解釋，現在既由「交涉」而獲得「盟下之城」的良果，目的可算已達，與「兩面政策」原不衝突，怪不得到了今天，還有某要人談：「中央抗日政策，始終一貫，絕未有所改變！」由「與敵作戰」，一變而為自動撤兵，以示和平誠意，這在淺見者流，雖看不出「絕未有所改變」的真諦，但在骨子裡還有一個很大的理由，為常人所未留意的，因為這次的停戰不是我們向敵求和，是敵向我們求和，這實在是一件體面到了絕頂的事情！倘若不信，本月二十八日的《新夜報》用大字標題載著一條「華北局勢緩和之裡因」的電訊，就說得很有道理，大意謂「記者晨赴某使館訪友，據該館高級人員述華北大局緩和之裡因，停戰交涉關係至大……此次中國本抱定寧願玉碎不欲瓦全之旨，日軍如攻平津，決以焦土餉之，使其出極巨大之代價……日方畏中國態度嚴正……是以挽託第三者出為斡旋……」或者還有些傻瓜們要疑到既然敵尚未到來，即在自己國土內自動大撤其兵以表示和平誠意，敵似乎只有長驅直入的份兒，如何叫他們「出極巨大之代價」呢？難道因為他們果然「畏中國態度嚴正」嗎？其實這些傻瓜又忘卻一個很重要的口號，那就是「長期抵抗」，既有「長期」的，拋了「短期」的便無關緊要，雖則許多「短期」也有湊成「長期」的可能。否則豈不是如某要人重要談話裡所謂「眼光如豆，只知爭逐蠅頭微利，放棄長期抵抗之決心……慢性亡國之毒，將至不可救藥」嗎？

阿斗們裡面又有人疑到何以「進行和議」是不許說的，只許說是「停戰談判」；「妥協」是不許說的，只許說是「諒解」；「訂條件」是不許說的，只許說是「有辦法」。其實這些都是種種重大的理由和苦衷。最重大的有兩點：一點是和體面有關——誰的體面，當然以不求甚解為妙，至於中國在事實上丟臉到了什麼地步，那是另一問題，這種實際的丟臉，是否在紙面上口頭上諱莫如深，所能減少其萬分中之一二，那更是另一問題；二是民眾看了或聽了未免受著過分的刺激，不如叫他們蒙在鼓裡，來得妥當，小則可以不致損壞他們個人身心的健康，大則可以維持麻木不仁的秩序，不致使有志「長期抵抗」者感到麻煩，受到牽制，雖則阿斗們不諒苦衷，仍感到同屬覆巢之下的危險，不安分地多管著閒事！

某要人最近由平返京，盛稱「此次停戰僅係彼此口頭約言，並未簽定任何協定」，這樣說來，「約言」和「協定」在實質上又有了不同，至少在當局方面的希望，以為民眾聽了又該大可以自慰了！

有人覺得國事真相不易明瞭（見廿九日《申報時評》），其實「真相」明明擺在我們的眼前！不過我們要知道在幽默文字的後面，實有極沉痛的「真相」隱藏著罷了。可是這樣的隱藏著，和公開也沒有兩樣，事實不是最雄辯嗎？

慘痛之又一幕

阿斗們本來被人視為道地十足的蠢貨，而現在被人橫蠻地打了幾個耳光，還須受著多方的欺騙，說這是算不得什麼侮辱，簡直還該強顏歡笑，欣然容納似的，這更是何等的慘痛！

關於最近在塘沽正式簽字的《中日停戰協定》，八卷二十三期上伏生先生已有一篇文章分析它的內容，記者此文僅欲略述對於此事的一些感想。

協定成立之後，日本方面躊躇滿志的氣概，隨處活躍，說得尤其暢酣的是參加此次談判的日方主席岡村，他的勝利的話說得越得意，反映我們的屈辱也愈深刻，愈慘痛。據電通社五月三十一日塘沽電訊所述，岡村說：「此次停戰交涉之成立，迅速而一氣呵成，誠兩軍或兩國可喜之事也，是皆日軍光明正大之態度，與華方之誠意，乃於協定獲此結果。余回憶去年春，上海不愉快之停戰協定，與此次交涉經過相對照，不勝感慨之至……上海如國際都市……第三者參加交涉，置喙發言，一若國聯會議，此在亞洲而且同文同種之獨立國家，洵屬不體面之事也。但此次因直接折衝，得見迅速解決，實痛快之至，今則協定雖已成立，唯關東軍暫時監視華方是否遵守本協定，固不待言也。」六月一日的《大阪朝日新聞》亦有電訊，謂「華北停戰會議日代表岡村語記者：『我去年為上海派遣軍之幕僚，回想當時不愉快的交涉，與今次之交涉經過，比較對照，感慨良深。上海交涉有第三者之容喙，而今次真是誠意與誠意的直接交涉。』」我們應還記得，當在上海談判停戰協定的時候，中國對於日本要求用飛機監察中國撤兵一點，尚作激烈的爭辯，結果由中立國組織委員會監視雙方撤兵，此次日軍「歸自長城之線」是無限期的，而對於中國的撤兵，日本軍不但「可在任何時候（路透社電英文原文有「at any time」字樣，中央社所發中文電卻沒有），用飛機或其他方法視察」，而且「中國方面應給與一切需要的保護和便利」。這在日本當然認中國有了很大的進步，在中國卻只是慘痛程度的尖銳化——至少在阿斗們方面看來。

六月四日英文《字林西報》的東京電訊，說日本朝野一致認為此次《中日停戰協定》的成功，已將中日爭端中的軍事方面作明確的結束，以後只須用外交手段進行；並說外交省極望中國表示遵守該協定的誠意的證明，如中國當局再進一步制裁全國的抵制日貨及抗日的運動，那末日本便準備解決中日間的一切懸案云云。這是他們希望我們除此次在事實上已承認東北四省領土的放棄外，再於這種很大的進步之外更有進步！

在這種種慘痛的現象中，尤其慘痛的是我國當局還對全國民眾宣傳這些都不過「僅屬軍事，不涉政治，於政府向來所持根本方策，不生影響」（此為行政院長汪精衛氏為此次停戰協定事通電中語，「政府向來所持根本方策」在實際上是什麼，固難說，但至少在表面上明明說是長期抵抗，收復失地，不妥協等等），又宣傳這些都「無害於中國之領土主權！」（亦汪電中語。）關內五千方里面積已作敵人的緩衝地帶（表面上改稱為「非武裝地帶」），本國軍隊不許越雷池一步，還得堂皇冠冕的號召於全國民眾之前曰：「無害於中國之領土主權」，我們就不知道所謂「領土主權」根本作何解釋！

據六月一日英文《大美晚報》載黃紹雄氏談話，說「此次協定規定華軍撤退至延慶、昌平、高力營……不再前進，實則在事實上所有華軍早已撤退在上述各地點之後，故履行此項停戰協定時，所有華軍反可由後方進駐上述各線」，那就不但無所失，反為有所得了！

怪不得電訊上說什麼「雙方代表出會議室時，均喜色滿面」，又說「在專車食堂中共舉香檳，和氣藹藹」，「互祝成功」。當局還再三喋喋解釋此次的「成功」是「在不喪權不辱國原則之下」（見六月二日《申報》所載汪精衛氏談話）幹的，大概希望民眾也來「喜色滿面」、「和氣藹藹」一下吧！這是慘痛中的尤其慘痛！

荒謬絕倫的畢業會考

我們不幸生在這樣一個烏煙瘴氣的時代，看到層出不窮的倒行逆施的萬般能事！一幕又一幕的淋漓盡致的醜態繼續不斷的演著！對外作戰就只有「安然退出」，得到了無數的「新陣地」；打自己人，什麼大砲飛機，都不怕沒有，禦外侮就只聽見大刀隊顯其神通；「長期抵抗」更好了，能對外於不求和不妥協中獲得「不喪權不辱國」的「諒解」……真所謂信手拈來，都成妙諦！現在講到教育的德政，便也不算寂寞，因為要整頓教育，又有摧殘青年身心的荒謬絕倫的畢業會考。對強權在手頤指氣使的日帝國主義者，當道只有「暫時躺在街心」，現在對付手無寸鐵的中小學的青年，當道自然可以無所顧忌的用壓迫手段來執行這荒謬絕倫的畢業會考！蘇省各中學學生代表於本月十六日到省教廳請願，某科長竟謂「會考係國家法令，無論合理與否，必須舉行」，說得多麼痛快！

關於畢業會考的罪惡，江蘇省立小學聯合會「為全國兒童請命」，有極剴切詳明的駁斥，其尤沉痛語有謂「小學教育目的不僅在知識之灌注，對於兒童性行習慣之陶冶，生活能力之訓練，尤為重要……乃各地所舉行之畢業會考，無不以書本上之死知識為考查之標準……於是各校揣摩趨向，教師則盡力於知識之灌注，兒童則斤斤於書本之背誦……科舉遺毒，將復見於今日」；「據研究結果，學校平時考試，兒童之體力精力，已不免因過分緊張，而消耗特多，有害於兒童身心，何況大規模之會考，年幼兒童，不無多存畏懼之心，其精神上所受之刺激，又何如耶？加之會考必須集中一地，或分區舉行，則舟車之勞頓，寒暑之威逼，咸不可避免，時間經濟之消耗，姑置勿論，即以幼弱之兒童身心而言，又何能堪此！」此外關於此種制度之埋沒人才，養成僥倖心理，忽略智力體力與個性等等方面，該會也都有相當的卓見（全文見六月十日《時事新報》）。我們對於天真爛漫，受著蹂躪只有容忍而不知所謂抗議的兒童，尤寄無限的同情與悲憤，今該會能仗義執言，抉發當局的昏憒糊塗，實值得我們的竭誠贊助。

其實上面所說的罪惡，其流毒並不限於小學兒童，即中學青年，也感到同樣的痛苦。記者最近接到《江蘇省二十一年度高中普通科畢業班全體學生敬告各界人士書》，對於畢業會考的抗議，也有很充分的理由，例如「向者教廳明令各校，注重平時成績，以為成績之優劣，非一次大考所能決定，而今教廳所頒布之會考條例，訂定本屆會考科目中有一科不及格者，不得畢業……學生之能否畢業，既全視會考之能否及格，則學生平日孜孜矻矻所造成之成績，勢必等於無效，使能否畢業之問題，卜諸唯一頃刻之會考，以作孤注之一擲，豈非養成學生僥倖之心？」因此指斥當局「言行不一，自相矛盾」，此外對於「高壓學生，抹煞天性」、「不顧健康，摧殘青年」等等，都說得很對。

據教育當局表面的掩飾，說是「以各省公私立中小學畢業生程度至不一致，多數學校雖於入學及編級試驗，尚能嚴格舉行，但平時教學，每不甚認真，貽誤學生，實非淺鮮，故通令嚴格舉行會考，毋得玩忽，以重教育。」（見四月二十一日《時事新報》南京專電）公私立中小學都是經政府設立或認為合格而准許設立的，平時教學不認真，教育當局當然應負責任，使平時「不甚認真」變為「認真」才對，青年既入政府所設立或准許設立的學校就學，對教學方面「平時」的「認真」不「認真」，並無責任可言，現在教育當局不從負責整頓學校著手，專以荒謬的辦法和學生作對，簡直不知責任為何物，這不是荒謬到了極點嗎！

不過畢業會考卻也有它的效用，至少：第一，封建遺毒的科舉制度是以利祿奔走天下士的，現在有了這科舉式的畢業會考，好像生死予奪的大權都握在當局的手裡，封建遺毒的關係無形中成立，易於牽著鼻子走！第二，可由此操縱思想，也可以說，可由此汩沒青年的新穎思想，自由思想，麻木他們原有的思考力和判斷力，培成卑鄙下劣唯命是從的十足奴性！

荒謬絕倫的畢業會考！

摧殘青年身心的畢業會考！

聽到胡博士的高談

日本人奉為「中國現代思想界之泰」的胡適之先生，最近因赴美講演和出席太平洋國際學會，途經上海，對新聞記者發表談話，極力讚美華北停戰協定，有這麼一段話：

「……此舉雖略似於無形中默認偽國之嫌，然在另一方面言之，實係使東北問題，暫行擱置，蓋戰事停止後，則日本之文治派及和平派得以抬頭，同時世界上和平運動，亦得與日本相接觸，否則日本之和平派與文治派，亦只可聽命於軍部……故余對上海停戰與華北停戰，均屬贊成，須知華北停戰後，最低限度，可減少吾人之損失……」

胡先生向來也是我所佩服的一位學者，雖則我還攀不上說那「肉麻主義」的所謂：「我的朋友胡適之」。但是聽到他近來對國事發表的偉論，實無法「佩服」，只覺得汗毛站班！只就上面這短短一段他最近所發表的高談，也不得不感到這位「思想界之泰」的「思想」實在有不可思議的奇異！

他一方面很直率的承認現在對於「東北問題」是「暫行擱置」，一方面特於「默認偽國之嫌」的上面加著「雖略似」的字樣，這真是革命文學的莫大的妙用！尤其可異的是認為我們的不抵抗，是可以幫助日本的文治派及和平派得以抬頭，又可以幫助世界的和平運動得與日本相接觸。這樣說來，熱血抗戰的十九路軍，馬占山、蘇炳文各軍，以及自動參戰的少數軍隊，都是莫大的罪人，因為他們既阻礙了日本文治派及和平派的抬頭，又阻礙了世界的和平運動得與日本相接觸！我們所不解的，是從瀋陽到熱河的奉送，都是在不抵抗中「求和平」，日本的文治派及和平派何以不抬起頭來？世界的和平運動何以又不和日本相接觸？在胡博士所「均屬贊成」的「上海停戰」實現之後，何以我們也沒有眼福看到胡博士所幻想的「抬頭」和「接觸」的這麼一回好事？

日帝國主義者的一貫政策是「征服支那，先征服滿蒙」，我們很有充分時間「等候」、「抬頭」和「接觸」的實現！怪不得現在不是對外而是盡量對內的時代了！

青年體格的檢查

據本市衛生局最近的報告，共已檢查學生三萬一千零五十人，發現患沙眼的占百分之六十強，患牙病占百分之五十三強，視力不良的占百分之二十二強，聽力不良的占百分之六強，患皮膚病的占百分之三強，肺臓有病的占百分之二強，心臟有病的占百分之一強，學生體格健全的僅有百分之十四，即每百人中，平均有八十六人是患病或有缺點的。三萬多人的數量不能算小，倘若這個檢查的結果可代表上海市青年體格的一般的趨勢，或甚至可代表全國青年體格的一般的趨勢，我們不得不認這是一個很嚴重的問題。

這種危險現象的補救，消極方面，固須力謀療治的便利，使已患病的學生獲得徹底的治癒，並注意健康的障礙之消除；在積極方面，尤須力謀健康知識的普及和健全體格的獎勵。

尋常學校裡的通病，往往只知道在知識的注入方面用工夫，對於青年體格的健全方面沒有切實的注意。最近教育當局嚴厲執行有百害而無一利的所謂畢業會考，等於獎勵學生於短時期內不要命的強記死書，以博臨考時僥倖中的考績，尤為摧殘兒童青年健全體格的毒物！

一般青年缺乏衛生知識，這不能怪青年，只能怪辦教育的人只知道教死書。即最近鬧得烏煙瘴氣的什麼會考，把有死書可硬記的科目列入，獨沒有體育一項，體格的健全不健全顯然不在意中。我覺得健全體格的比較，倒值得有會考式的比賽來會它一下，好像若干時舉行一次運動會一樣。評判員由可靠的醫師擔任，定好健全體格應有的身體各部分的及格標準，每若干時（例如每學期或每學年）先由各校學生在本校內比賽，繼由各校共同比賽，對於健全的體格，特加獎勵，獎勵他平日知道保護身體，增進健康，並作其他青年的模範。

華北的和平

自駐平政務整理委員會委員長黃郛氏代表「中央意旨」，明白宣言「和外」（指對占據東北四省的日本）是「救時救黨」的一種「上策」之後，極力在「對日絕不妥協或求和」的立場上「謀一雙方所共諒解之和平辦法」；繼之有「國際學者」胡適之先生對華北和平表示五體投地，高唱藉此可以保全華北富源，不妨等候五十年收復失地。這樣看來，華北的和平是無疑的可成為事實的了。但依最近華北的和平現象看來，我們的友邦似乎還不能下些「諒解」的工夫，偏偏不留情地不讓我們舒舒服服地等候五十年！

最顯著的是偽軍問題日趨僵勢，協定簽字迄今，有了「雙方所共諒解之和平辦法」以後，偽軍仗著那個友邦的撐腰，反而日益膨脹，在「非武裝區域」裡漸形成了一種新的偽政權，大概接收「非武裝區域」也不得不援用「等候五十年」的原理了！

此外日軍在北平熱鬧街市上的橫衝直撞，耀武揚威，我國當局對他們已像老鼠見著貓一樣，無時不在慄慄危懼之中，據最近《大陸報》所載的消息，北平軍委會代委員長何應欽氏曾因幾個日兵受了炮仗的虛驚，立開緊急軍事會議，派代表敬謹道歉。

嗚呼！華北的和平！

二十五位監委的涕泣

最近監察院委員劉莪青等二十五人「謹將愚見所及，為中央諸公涕泣陳之。」（劉君等呈中央政治會議原文中語，下面引號中語也是。）據說是因為「×等目睹時艱，懔大患之已至，懼國亡之無日」，所以「不避嫌難，迫切陳辭，務懇中央鑑及愚誠，恕其狂妄，裁奪施行，挽救危亡，不勝惶悚待命之至」。我們從水深火熱中的老百姓的立場看去，對於這二十五位哭喪著臉的監委老爺們的「涕泣」，似乎應該很誠懇地表示謝意才對，但我們仔細拜讀諸位監委老爺們「涕泣陳之」的內容之後，所得的感想是恐怕監委諸公不過一把鼻涕一把眼淚白哭了一頓罷了！

這不是說諸位監委的這篇呈文的文章做得不好，因為，平心而論，這裡面確說了好些在我們老百姓說出便不免「反動」嫌疑的話。例如「……雖曾以訓政昭示天下，而政治現狀，仍未脫軍政範圍……不知安民，徒事搜括，貪汙土劣乘之而起……」這樣看來，就是所謂「軍政範圍」，也不過是「徒事搜括，貪汙土劣乘之而起」，這是對於現實何等大膽的分析！

關於「財政」，諸位監委也說得好像涙湧涕流，悲不自勝似的，據說「類多病民百害國，積弊不除，中飽日甚，人民之負擔奇重，國庫之收入絕少」。

此外還含有不少的慎思遠慮，例如「華北雖忍痛停戰，不知有幾日之苟安？棉麥借款雖一時告成，適以啟各方之覬覦」，監委諸公能憂心悄悄地替當局顧到「苟安」日子的多少，又能提防到「各方之覬覦」，這不是很想得周密嗎？

切合事實而又想得周密的「迫切陳辭」，照理應有相當的實效，我們為什麼恐怕諸位監委老爺們將要白哭了一頓呢？這要看辦法怎樣。據該呈文裡所指出的「修明內政之途徑」，說是「（一）須全國軍人徹底覺悟，一致表示保土安民，不干內政；（二）須各方團結，集中全黨力量，共赴國難；（三）須確定改革內政方針，切實施行。」這三個「須」字，恐怕就不是監委諸公一哭所能辦到的吧。

限制文法科招生

教育部近有提議限制全國公私立大學及獨立學院下學年招考文法科學額之令，其標準為國立私立各大學所招文法科生名額不得超過各該大學原有理科額數，獨立學院所招文法科生名額則亦不得超過各該學院二十年度原有學生之額數。這件事，據各報所載，上海各大學教職員聯合會已有呈文給教育部，表示反對。

有人把「畢業」和「畢命」相提並論；又有人把「畢業」和「無業」聯貫起來。這卻不是什麼尋開心的幽默主義，在這樣民不聊生的時代，大眾失業的加速率的猛進，已為彰明較著的當前事實，天津某大學的畢業女生因尋業碰了一鼻子的灰而悲憤自殺，不是「畢業」之後就繼之以「畢命」的確鑿事實嗎?至於「畢業」之後跑上「無業」之路，那更是尤其普通的現象，隨時隨地都有遇到聽到的機會。社會的現狀倘若沒有徹底的改變，無論學的是文法科，或是理科，都大多數要走上死路一條的，不求癥結之所在，而哓哓於文法科或理科之孰為有用，這問題絕沒有解決的希望。

況且文法科或理科的選擇，一方面在相當限度內固和個人的個性有關係，有的個性十分偏於文法科的，有的個性十分偏於理科的；但在另一方面，受環境需要所支配的影響也很大。現在中國的所謂建設事業，盡限於紙上空談，實際上並沒有什麼工作可做，已有的理科人材，還有用非所學，甚至無啖飯地，社會上的容量反以文法科的人材較有一部分的去路，現實情形如此，要想用一紙命令強迫服從，辦得到嗎？就是辦到了，除替失業群增加數量外，還能獲得什麼結果呢？

其實我們如承認政治是眾人的事，人人都應有顧問或參加的權利，人人都應有了解或解決的責任，那末社會科學的研究更有普及化的必要，要人人都能懂得。不過研究社會科學的人愈多，對於政治問題及社會問題往往喜歡分析，喜歡多嘴，不能服從「御意」，在有的人看來，確是一件夠麻煩討厭的事情！在他們看來，解決之道，恐怕非設法建立「御用」的社會科學不可！但科學的精神又在乎有客觀的研究，事實的探討，硬要使它「奴」化，也是一件很不容易的事情，這卻是無可如何的了！

又一次的慶祝成功

據電通社六日大連電，說「大連會議昨在憲兵分隊會議室開會，岡村參謀副長說明協定之內容後，有二三問答，中日兩方均無異議，協定成立，互舉香檳之杯，慶祝成功，即散會。」這很顯然的是又一次的慶祝成功了！

這次在大連的慶祝成功和上次在塘沽的慶祝成功，有其相同之點，有其不同之點，還有雖異而實同之點。試先說相同之點：

上次的協定，當局最初極力聲明此種協定僅屬口頭上的諒解，並沒有文字，更沒有簽字，這次的協定，據中央社六日傳出的「政息」，也很鄭重的聲明：「並無會議形式，故談話大要僅有紀錄，並不簽字。」可見我們中國人所最可欣幸的是「不喪權不辱國」的協定儘管接二連三的層出不窮，都可於「不簽字」中慶祝成功！

上次的協定成功的時候，雙方代表都喜色滿面，和氣藹藹，共舉香檳，互祝成功。這次「三」方代表的「喜色」怎樣，電訊上雖未曾說明，但電訊上稱為「圓滿散會」，而且也互舉香檳之杯，可見香檳是大家於「圓滿」中喝了的，喝香檳大概不能哭喪著臉幹的。

這次和上次最大的不同之點，是上次參加慶祝成功的只有中國代表和那個「友邦」的代表，這次卻加入一位報紙滿稱著「漢奸」或於他的貴姓下面加了一個「逆」字的李際春。聽說這位和中國代表開平等會議的「逆」代表很闊綽，據上海各報十日北平電訊，他此次赴大連出席會議時，攜有政務廳長軍務廳長總參議等約八九十人，聲勢炫赫。這是這次的慶祝成功比上次的慶祝成功更為有聲有色的一件事。

上次協定慶祝成功之後，日軍依然不退，偽軍依然猖獗；這次協定慶祝成功，據說可以「接收戰區」，「點編偽軍」，這似乎是不同的了，但偽軍改稱「保安隊」，「李逆」有任灤東警備司令之說，而他們卻是日方認為「友軍」的，似異而實同，這在日方誠然是又可慶祝成功的了，「阿Q」就只有跟著喝香檳的份兒了！

電子書購買　　爽讀 APP

國家圖書館出版品預行編目資料

小言論（第三集）：欺壓自己人毫不手軟，比外敵更加可恨的「家賊」/ 鄒韜奮 著 . -- 第一版 .
-- 臺北市 : 崧燁文化事業有限公司 , 2023.10
面； 公分
POD 版
ISBN 978-626-357-657-5(平裝)
1.CST: 時事評論 2.CST: 言論集 3.CST: 中國
078　　112014566

小言論（第三集）：欺壓自己人毫不手軟，比外敵更加可恨的「家賊」

臉書

作　　者：鄒韜奮
發 行 人：黃振庭
出 版 者：崧燁文化事業有限公司
發 行 者：崧燁文化事業有限公司
E-mail：sonbookservice@gmail.com
粉 絲 頁：https://www.facebook.com/sonbookss/
網　　址：https://sonbook.net/
地　　址：台北市中正區重慶南路一段六十一號八樓 815 室
Rm. 815, 8F., No.61, Sec. 1, Chongqing S. Rd., Zhongzheng Dist., Taipei City 100, Taiwan
電　　話：(02) 2370-3310　　傳　　真：(02) 2388-1990
印　　刷：京峯數位服務有限公司
律師顧問：廣華律師事務所 張珮琦律師

定　　價：250 元
發行日期：2023 年 10 月第一版
◎本書以 POD 印製